本书出版获得了国家食用菌产业技术体系（CARS-20）的

U0583296

张童朝　颜廷武◎著

农民绿色生产行为及激励机制研究
——基于生态经济理性视角

Farmers' Green Production Behavior and Incentive Mechanism:
A Study from the Perspective of Ecological Economic Rationality

经济管理出版社
ECONOMY & MANAGEMENT PUBLISHING HOUSE

图书在版编目（CIP）数据

农民绿色生产行为及激励机制研究：基于生态经济理性视角/张童朝，颜廷武著 . —北京：经济管理出版社，2022. 12

ISBN 978-7-5096-8477-1

Ⅰ.①农…　Ⅱ.①张…　②颜…　Ⅲ.①绿色农业—农业生产—生态经济—研究—中国　Ⅳ.①F325

中国版本图书馆 CIP 数据核字（2022）第 249745 号

组稿编辑：郭　飞
责任编辑：郭　飞
责任印制：黄章平
责任校对：陈　颖

出版发行：经济管理出版社
　　　　　（北京市海淀区北蜂窝 8 号中雅大厦 A 座 11 层　100038）
网　　　址：www. E-mp. com. cn
电　　　话：（010）51915602
印　　　刷：北京晨旭印刷厂
经　　　销：新华书店
开　　　本：720mm×1000mm/16
印　　　张：12. 25
字　　　数：213 千字
版　　　次：2023 年 2 月第 1 版　　2023 年 2 月第 1 次印刷
书　　　号：ISBN 978-7-5096-8477-1
定　　　价：88. 00 元

前　言

综观整个人类的历史长河，没有哪个历史时期的人们像今天的人们一样关注生态环境问题，并不断思考着人与自然在未来如何和谐相处。从追求个体利益最大化的理性人视角出发，农民是否开展农业绿色生产的核心因素在于生态环境能否被纳入农民的决策约束，或者说关键在于生态环境利益在农民权衡与决策过程中所被赋予的权重高低。需要指出的是，不同农民个体或同一个体的不同时期，生态环境改善和经济利益增加的边际效用并不是固定的，或者说其对生态环境改善的需求不一样，当生态利益的权重足够大时，农民的效用函数将会由经济利益和生态环境改善两方面共同决定，进入生态经济发展要求下的理性决策模式。这种决策模式与过分注重物质财富创造的传统经济发展阶段的理性决策模式的区别在于，生态环境改善的边际效用是否能高到足以影响农民的决策选择。在不同的决策模式下，发挥作用的成本和收益集合不一致。可见，当前农业生产中的"破坏环境"行为依然存在且屡禁不止，原因在于在生产的决策过程中传统经济理性依然占据主导地位，生产者缺乏绿色生产的内在动力，导致其生态经济理性的实现程度不高。

因此，本书通过理论推演和现实归纳，分析农民生态经济理性影响其农业绿色生产行为决策模式的作用机理及其动因，探究实践中是否存在生态经济理性强化的现实基础，以构建相应的理论基础；利用微观调研数据，评估现阶段农民在农业生产中生态经济理性的实现程度和群体差异，进而分析与考察生态经济理性实现程度对于农民绿色生产行为的影响，尝试建立起可协调生态经济建设和绿色生产发展的农民绿色生产激励机制。

本书为审视和探究农民的农业绿色生产行为及激励措施提供了一个新的研究视角，即生态经济理性视角，这有利于阐明即使在以自利为导向的理性决策框架下，"生态和经济"仍然能够有机地统一于农民及农业生产行为中。

本质而言，必须看到农民的农业生产行为是一种经济行为，其讨论的根本问题依然要回归到经济学的分析框架。在经济学的行为分析框架下，人的行为决策目标在于寻求自我利益最大化。相关研究中，涉及亲环境行为往往倾向于道德或责任等因素，这是因为未对农业绿色生产中生态环境成本或收益的私人部分和社会部分进行有效区分而混淆了两对关系，一是"生态和经济"的关系，或者说是"人与自然"的关系，即农民如何权衡自我生态利益和经济利益；二是"人与社会"的关系，即农民的绿色生产所产生的环境改善收益是为社会全体所共享的，但农民却承担所有成本，这显然与理性人的基本前提不相符。将生态与经济的关系和私人与社会的关系混为一谈，即保护生态环境与利他、责任等因素完全等同，这就间接忽视了个体对于自身生态环境方面利益的需求，同时将"私人和社会"的冲突混淆为"生态与经济"的对立。

本书直面现实问题：单纯作为经济行为的农业生产与资源环境保护是否存在不可调和的矛盾。基于生态经济理性视角，重新审视农民的农业绿色生产行为，明晰与厘清生态经济理性与传统经济理性的区别与联系，论证农民生态经济理性的存在及其在农民绿色生产行为决策中发挥作用的可能性，从而对经济理性分析框架进行可能的有益补充，在阐明生态经济发展时代、剥离生态良知等利他色彩因素后，农民生产的生态利益与经济利益如何统一于生态经济理性决策框架，回应了作为经济行为的农业生产与资源环境保护是否存在不可调和的矛盾这一社会关切问题。

本书获得了国家食用菌产业技术体系（CARS-20）的资助。同时，本书的完成依托于华中农业大学湖北农村发展研究中心和湖北省高等学校优秀中青年科技创新团队"农业资源与环境经济问题研究"，在数据收集、课题论证、人员经费支持方面给予了有力支撑与保障。在本书研究论证及完成期间，还得到了包括华中农业大学在内的多所高校"三农"问题专家学者的指导。在此，笔者表示衷心的感谢！

由于笔者水平有限，写作时间仓促，书中错误和不足之处在所难免，恳请广大读者批评指正。

2022 年 7 月

目　录

第1章 引 言

1.1 研究背景和问题

1.1.1 研究背景

20 世纪 60 年代, *Silent Spring* 公开出版, 生态环境污染问题日益受到世界各国的重视。人类若不停止并改进自己对于大自然的无度索取和破坏, 找回内心对于大自然的高度敬畏, 则必将受到大自然无情的惩罚。

综观整个人类的历史长河, 没有哪个历史时期的人们像今天的人们一样关注生态环境问题, 并不断思考着人与自然如何在未来和谐相处。韩长赋 (2010) 指出, 农业是高度依赖资源条件并直接影响自然环境的产业, 农业的资源利用方式对实现可持续发展具有重要影响。经过多年的努力, 我国农业生产取得了长足的进步, 粮食产量连续多年增长, 但与此同时也存在着严重的环境污染与资源浪费问题 (陈锡文, 2002; Abas 等, 2004), 并带来了较为严重的经济社会损失。不合理的农业生产方式导致耕地破坏和水源污染等, 进而危及农业可持续发展和公众健康的事件时有发生 (韦佳培等, 2011; 李鹏等, 2012)。在此形势下, 推广生态绿色的农业生产方式, 加快农业绿色化转型已迫在眉睫。

而现实中的矛盾现象也在于此, 一方面农业面源污染日益严重使人们为此付出沉重的代价，另一方面是农业生产过程中"污染行为"依然存在，绿色生产的推广仍然不理想。这一问题可以分解为两个小问题，一是农民为什么选择非绿色农业技术，二是政府相关政策的约束为何效力不足。

农业生产行为或者生产模式的选择是农民对现有约束条件和选择集合进行理性分析并权衡后的最优策略选择。现阶段，作为经济理性人的农民，其行为选择的目标在于寻求极大化的经济利益，考虑的是如何在一定的投入水平上努力求得利润最大化，当然，也可以是在一定的经济利益水平上努力求得极小化的投入量。在现实中，采用绿色生产方式需要农民付出额外的成本（王舒娟和蔡荣，2014），这显然不符合其经济利益最大化的目标选择。因此农民会根据实际情况选择一些低成本方式。例如在秸秆处理时选择弃置或焚烧、肥料施用时选择相对便宜的化肥等，这显然是成本最小化（省时、省力，且无额外支出）的一种做法，自然也就成了农民的最优选择。

那么，政府当前的农业污染防控和绿色生产推广政策为何效力不足？影响个体理性行为决策的有两个基本因素：一是预期成本；二是预期收益（罗必良，1999）。现有的农业生产污染防控政策主要是监管处罚，同时倡导资源节约且无污染的绿色农业生产方式，但却未构建起相应完善的补贴制度，表现为实践中的相关补贴覆盖面窄、额度较低且补贴规则有待细化。这显然增加了农民的预期成本，却不能改变农民的预期收益，因为农民承担了绿色生产的额外成本，而这一行为选择所带来的生态环境改善在为社会成员所共享后，农民未获得相应的成本补偿。因此，在无法预期未来的自身收益有确定性提高的情况下，继续原有的行为选择自然成为农民的最优策略。

由此可见，解决问题的关键在于处理好两个关系：一是生态与经济的关系，即如何将生态环境纳入农民理性决策的约束集合；二是私人与社会的关系，即如何矫正农民绿色生产的外部性问题。相关研究在分析这一问题时，有观点认为农民会出于对他人和社会的责任感或者叫作生态良知，而主动承担农业绿色生产的任务（张童朝等，2019a）。不可否认，这种生态良知或者道德和责任感会对农民亲环境行为具有促进作用，但是如果单就这一视角考察与解释农民绿色生产行动，至少存在两个方面的不足：一是这并不符合个体理性决策范畴，即人们的选择决策目标在于寻求如何获取更大的自身利益；二是将生态与经济的关系和私人与社会的关系混为一谈，即保护生态环境与利他、责任等因素完全等同，这就间接忽视了人们对于自我生态环境方面利益的需求。事实上，任何个体都具有对于自身生态利益的追求与考量，能否做出绿色生产的决策，在于这种生态利益在其决策框架中的权重，是个体对于生态利益和经济利益的相对权衡，换言之，这是个体对于人与自然关系问题权衡判断之后而在行为选择上的体现。生态良知所涉及的利他、责任道德等，是人处理个体和社会关系时的因素，在理性人分析框架下，个体的目标在于自身利益最大化，因而不宜将这种责任道德与个体生态利益追逐混为一谈。

长期以来，农业绿色生产相关政策效力不理想，棘手之处就在于其存在外部性，难以在不同的主体之间进行有效的利益分配或成本分摊，进而导致实践中的绿色生产推广困难重重。这表明，如果不能够有效尊重与保障农业绿色生产行动者的利益，包括其经济利益和生态利益，则农业生产绿色化转型也就无从谈起。因此，需要基于新的视角看待这一问题，也就是考虑是否存在个体由传统的只注重自身经济利益的理性决策框架过渡到兼顾自我生态利益和经济利益的生态经济理性决策框架，即构建生态经济发展模式下的理性决策框架的可能，进而基于生态经济发展模式下的理性决策框架分析农民绿色生产行为及影响因素，讨论与之相适应的农业绿色生产生态补偿机制，以期为推动农民主动开展农业绿色生产，并实现绿色生产的可持续，为推进中国农业的生态绿色发展提供些许思路借鉴和对策建议。

1.1.2 研究问题

本书基于生态经济理性视角考察和研究农业生产中的农民绿色生产行为，进而讨论农民绿色生产行为激励机制。现阶段，农业绿色生产问题表现为农业生产中环境污染与资源浪费并存，为此，政府出台了一系列严格的约束措施，但实践中农民的绿色生产行为响应却不理想。事实上，这一问题早就引起了学者的广泛关注和讨论，现有文献也从经济理性（王舒娟和蔡荣，2014）、个体或家庭资本禀赋（李晓平等，2018）、道德责任或情感（李芬妮等，2020）及外部政策制度（Luo 等，2014）等视角进行了分析，并取得了丰硕的研究成果，这些在理论分析、框架构建、研究方法等诸多层面为本书提供了有益的参考借鉴。但是，相关探讨中鲜有文献明确指出或有效区分农民绿色生产困局所涉及的两组关系问题:一是生态利益是否被纳入农民决策的成本收益集合中,即农民个体对于生态与经济关系问题的处理;二是农民绿色生产的外部性收益分配与成本分摊问题,即农民个体对于私人和社会关系问题的处理。与此相对应,本书有两个拟解决的关键问题:

第一,基于经济理性决策的成本收益分析,论证农民生态经济理性存在的可能性及其影响农民绿色生产行为决策的作用机理与动因,然后建立起农民生态经济理性实现程度的指标体系,利用调研数据分析评估农民生态经济理性实现程度和群体差异,进而构建农民生态经济理性实现程度对农民绿色生产行为影响的理论模型,并通过计量回归,实证检验其影响是否存在。这主要对应的是上文中农民绿色生产决策所涉及的"生态与经济的关系"问题。

第二,鉴于生态经济理性依然是"自利"的,而农民绿色生产行为具有外部性特征,因此生态经济理性下的农民绿色生产集体行动困境依然存在,有必要明晰生态经济理性决策模式下农民绿色生产的生态补偿对象、范围和方式,通过合理的方式评估农民开展农业绿色生产的生态补偿标准,进而基于选择性激励理论探究如何实现个体生态经济理性向群体经济理性的转变,为完善农民绿色生产的环境收益分配机制提供依据。这主要对应的是上文中农民绿色生产行为所涉及的"私人和社会的关系"问题。

1.2 研究目的和意义

1.2.1 研究目的

从追求个体利益最大化的理性人视角出发,农民是否开展农业绿色生产的核心因素在于生态环境能否被纳入农民的决策约束,或者说关键在于生态环境利益在农民权衡与决策过程中所被赋予的权重高低。需要指出的是,不同农民个体或同一个体的不同时期,生态环境改善和经济利益增加的边际效用并不是固定的,或者说其对于生态环境改善的需求不一样,当生态利益的权重足够大时,农民的效用函数将会由经济利益和生态环境改善两方面共同决定，进入生态经济发展要求下的理性决策模式。这种决策模式与过分注重物质财富创造的传统经济发展阶段理性决策模式的区别在于，生态环境改善的边际效用是否能高到足以影响农民的决策选择。在不同的决策模式下，发挥作用的成本和收益不一样。可见，当前在农业生产中的不符合环保要求的行为依然存在且屡禁不止，原因在于农民在决策过程中，传统经济理性依然占据主导地位，农民缺乏绿色生产的内在动力，生态经济理性的实现程度不高。因此，基于生态经济理性视角，全面考察农民绿色生产行为的发生机制，探究其相应的激励措施，有助于破除当前农业面源污染严重，而政策约束效力不足，农民绿色生产行动迟缓的尴尬局面。

鉴于此，本书的研究目的为：

第一，在农民绿色生产行为中，生态经济理性存在的可行性论证及其与传统经济理性的区别与联系，即其概念阐述与辨析，通过系统阐述生态经济理性概念，明确生态经济理性决策框架的特点，为全书的研究奠定理论前提；通过理论推演和现实归纳，分析生态经济理性影响农民绿色生产行为决策模式的作用机理及其动因，探究实践中是否存在生态经济理性强化的现实基础，为下文的实证研究提供理论基础；利用微观调研数据和相应的统计方法，评估现阶段农民在农业生产中的生态经济理性实现程度和群体差异，进而分析与考察生态经济理性实现程度对于农民绿色生产行为的影响。

第二，分析探讨农民绿色生产如何由个体行为向集体行动跨越，即农民绿色生产的外部性矫正问题。通过分析农民绿色生产集体行动困境的成因、情形和应对思路，讨论如何通过有效的生态补偿激励手段协调绿色生产的相关群体间的利益关系，分析生态经济理性如何影响农民绿色生产的生态补偿预期，进而尝试建立起可协调生态经济建设和绿色生产发展的农民绿色生产激励机制。

1.2.2 研究意义

实现上述研究目的的意义具体表现在：

第一，在理论探讨方面，有利于阐明生态经济发展时代，农业生产发展与生态资源环境保护协同并进的微观经济基础。

本书基于经济学的成本收益理论视角，尝试阐述生态经济发展带来的个体理性决策框架的变化，在此基础上，廓清生态经济理性与传统经济理性的区别与联系，通过探究其动因和作用机理论证农民生态经济理性的存在及其发挥作用的可能性，阐明生态经济发展时代的理性决策模式，从而将传统理性行为分析框架进行拓展性的应用，以对现有研究进行可能的有益补充。

第二，在生产实践方面，有利于探索农业生产绿色化转型背景下，促进个体农民主动开展绿色生产并克服集体行动困境的激励机制。

农业生产的绿色化转型离不开农民绿色生产行为的协同响应，通过探究生态经济理性视角下的决策模式及其对农民绿色生产行为的影响，系统分析农民绿色生产的个体生态经济理性到集体行动的跨越，尝试构建生态经济理性视角下农民绿色生产行为的激励机制，以期为破除当前农业生产中的污染行为犹在且政策效力不足的尴尬局面，进而推动农业生产绿色化转型，实现乡村生态振兴提供决策依据和有益参考。

第三，在社会关切方面，有利于从理论和实证两个层面回答本书引言中提到的社会关切问题，从微观个体行为经济分析视角为农民正名。

本书的前言中已经提到，当前农业生产的环境污染与资源浪费已经让人们付出沉重代价，而相应的政策约束也十分严厉，但不合理的农业生产行为依旧存在，这似乎给人们带来了一个错觉或者疑问：在不考虑道德与责任等因素的前提下，单纯作为经济活动的农民生产行为与生态资源环境保护存在着不可协调的矛盾。本书将通过考察生态经济理性视角的农民绿色生产行为与激励机制问题，回答前言中提及的社会关切问题，论证农民生产的生态利益与经济利益如何统一于生态经济理性决策框架，从微观个体行为经济分析视角为农民正名。

1.3　研究思路和内容

1.3.1　研究思路

基于上述的研究背景和问题，本书相应的研究思路如下：

首先，本书的核心思想在于，基于生态经济理性视角审视农民的绿色生产行为，据此构建农民绿色生产行为的激励机制。需要指出的是，生态经济理性并不是一个全新概念，而是对传统经济发展阶段过渡到生态文明时代的个体理性决策框架变化的一种现实描述，其核心转变在于个体成本收益核算的变化，即随着生态利益偏好的增强，生态利益逐步进入农民理性决策框架并且影响强度不断提高（Foster，1999；姜亦华和唐敦挚，2009；李立嘉，2014）。因此，本书将通过比较生态经济理性和传统经济理性的成本收益权衡差异，分析生态经济理性与传统经济理性的区别和联系。

其次，界定并阐明生态经济理性这种决策模式出现并发挥作用的现实可能性和理论依据点。重点基于对相关研究的梳理和现实情况的捕捉，归纳和分析个体是否具有对生态利益的追求并付诸行动。由于这是理性分析框架，即以个体收益最大化为行为目标，因而必须区分这种对于生态利益的追求到底是对私人生态利益的追求，还是出于生态良知的责任与道德感而对他人和社会的关爱与行动，即必须阐明生态经济理性归根结底依然是个体理性，相较于传统的理性框架，充分考虑了"生态与经济的关系"，但这一概念不应与处理"个体和社会的关系"的道德、责任等因素混为一谈。

再次，基于一手调查走访资料，对上述理论论证进行实证层面的探究。在分析生态经济理性如何影响农民绿色生产行为之前，一个首要问题是刻画不同农民生态经济理性的个体差异。然而理性本身往往不可或难以被测度，因此，本书认为可以通过观察个体在观念和行为等方面的综合表现，判断其接近生态经济理性决策的程度，从而间接刻画绿色生产决策中农民在生态经济理性方面的个体差异。

最后，在分析了生态经济理性对于农民绿色生产行为的影响后，一个重要的问题是，如何实现将个体生态经济理性决策转化为农业绿色生产的集体行动。由于生态经济理性决策依然以个体利益最大化为目标，因而生态经济理性视角下，在生态环境问题中外部性所导致的"搭便车"等行为依然存在，这或许使农民的绿色生产陷入集体行动困境。因此，基于这一现实，应实施有效的农民绿色生产行为生态补偿机制，包括生态补偿对象、方式和标准等，以实现农业绿色生产的环境收益在各个主体间合理分配，从而克服外部性问题；但从长期来看，还必须基于生态经济理性的视角，构建一整套相应的激励机制，在明确该激励机制的基本原则与实现路径的基础上，提出相应的激励措施。在完成所有研究后，通过重新审视全书，进一步讨论可能的不足之处与展望，以明确下一步研究的努力方向。

1.3.2 研究内容

基于上述研究思路，本书相应的研究内容如下：

第1章和第2章主要是生态经济理性视角下农民绿色生产行为研究的现实背景、研究意义和相关文献的回顾与评述。其中：

第1章，结合农业生产实践中污染加剧和资源浪费严重的情况，而农民不合理的生产方式依然存在的现实问题，通过层层推理对研究问题进行提炼、分解和分析，进而论证生态经济理性视角下农民绿色生产行为研究的选题背景、核心问题、研究意义与目的、方法和内容安排等。

第2章，梳理国内外相关的研究文献，主要包括两个方面：一是农业绿色生产发展整体现状、农业绿色生产的生态价值评估、农民绿色生产行为及其影响因素和对策研究。二是基于理性视角的农民行为研究，分为理性小农和有限理性视角的农民行为研究回顾，基于前人的研究，探寻与论证本书研究的拓展空间所在。

基于第1章和第2章问题分析提炼和相关研究回顾，将进行如下几个方面的内容研究：

第一部分（第3章至第5章），生态经济理性存在及其对农民绿色生产行为影响的相关概念界定、理论分析、实证考察与验证。其中：

第3章，首先对本书的关键概念——生态经济、生态经济理性，特别是生态经济理性的实现程度和农民绿色生产行为进行明确的界定，进而围绕生态经济理性这一核心概念综合运用成本收益分析等相关理论，论证生态经济理性在农民绿色生产行为决策中发挥作用的动力和影响机理，分析相应的诱致因素并捕捉实践中的现实证据，以此提出本书的分析框架，为全书研究奠定理论基础。

第4章，基于前人的研究和本书的分析框架，构建农民绿色生产的生态经济理性实现程度指标体系，进而结合调研数据评估现阶段农民绿色生产中的生态经济理性实现程度，并进行相应的水平分析和结构分析，对不同群体农民的生态经济理性实现程度差异与原因进行讨论。

第 5 章，基于本书的分析框架，从理论层面分析农民生态经济理性实现程度如何在农民绿色生产行为决策中产生影响，同时辨析生态经济理性与传统的生态良知或生态责任等因素影响的区别与联系。

第二部分（第 6 章和第 7 章），讨论生态经济理性视角下农民绿色生产的个体行为到集体行动的跨越，包括农民绿色生产集体行动困境的成因、表现和应对思路以及生态补偿标准及其影响因素分析。其中：

第 6 章，个体理性并不是群体理性的充分条件，生态经济理性视角的农民绿色生产同样面临着集体行动困境，其原因在于个体理性的"搭便车"行为。本章通过分析农民绿色生产集体行动困境的成因和主要表现，提出应对思路，从而为如何解决由农民绿色生产的个体行为走向群体行动的问题提供依据。

第 7 章，生态经济理性农民依然关注私人成本收益，绿色生产的外部性问题需要完善的生态补偿来解决，这也是应对第 6 章提及的绿色生产集体行动困境的重要内容之一，而绿色生产的生态补偿标准评估则是其中的关键。本章采用条件价值评估法针对农民进行假想市场实验，估算农民绿色生产的生态经济价值，并以此为依据，估算合理的农民绿色生产生态补偿标准，在此基础上进一步讨论影响农民绿色生产生态补偿标准的影响因素。

第三部分（第 8 章和第 9 章），生态经济理性视角下农民绿色生产行为的激励机制探究与设计以及研究总结与展望。其中：

第 8 章，基于上述研究，从如何激发农民生态经济理性入手，以实现农民绿色生产的主动性和可持续性为目标，系统分析生态经济理性视角下推进农民开展农业绿色生产的基本原则、实现路径和具体措施等，构建农民绿色生产行为的激励机制。

第 9 章，主要结论与讨论，梳理本书的主要结论，对其中的不足之处和进一步的研究方向进行讨论。

1.4 研究方法和区域概况

1.4.1 研究方法

本书主要涉及的研究方法如下：

第一，生态经济理性的内涵辨析及其作用机理的论证方法。通过文献回顾方法，对本书相关的研究文献，包括生态经济、农业绿色生产及农民行为等进行回顾，通过梳理与比较该领域的研究成果，一方面为本书的研究构建充分的理论基础，另一方面则是发现其中可拓展的空间，找到本书研究的理论意义所在。在此基础上，采用理论推演和总结归纳的方法，在理论逻辑和现实情况中明确本书所论证的生态经济理性的概念及其作用机理。

第二，农民绿色生产中生态经济理性实现程度评估方法。基于对相关文献回顾，构建农民生态经济理性实现程度评估的指标体系，在此基础上，通过熵值法实现数据降维加总，以求得绿色生产中农民生态经济理性实现程度的综合评估值。进而采用对比分析法，对不同群体农民的生态经济理性实现程度评估值进行比较分析，并尝试讨论其差异产生的原因。

第三，生态经济理性视角下农民绿色生产行为选择的驱动因子分析方法。基于理论分析构建生态经济理性视角下农民绿色生产行为的影响因素分析模型，采用 Probit 模型开展实证检验，并通过分组回归比较不同生态经济理性实现程度的农民绿色生产行为影响因素差异。

第四，生态经济理性视角下农民绿色生产行动的选择性激励与生态补偿问题。基于奥尔森的选择性激励理论，分析农民绿色生产集体行动困境产生的原因、主要情形和应对思路。进而通过条件价值评估法（CVM）估算合理的农民绿色生产生态补偿标准，并通过有序 Probit 模型实证检验农民生态经济理性实现程度在其间发挥的作用和影响。

1.4.2 研究区域概况

2018 年暑期，课题组在湖北的恩施土家族苗族自治州、荆州市和荆门市以及黄石市四地开展了与农民生产生活入户调查。之所以选取湖北省作为调研区域，是因为其在农业生产和绿色农业发展方面具有代表性。湖北省由于优良的气候和水文地理条件，因此，具有很好的农业发展基础，长期以来，湖北农业生产以水稻为主，油菜等经济作物也有种植，属于典型的南方"油菜—水稻—水稻"作物种植模式，且自古就有"湖广熟，天下足"的说法，是我国长江流域非常有代表性的农业省份。表 1-1 汇报了 2018 年湖北省与农业生产相关的主要数据。

表 1-1 2018 年湖北省农业方面的基本情况统计

统计指标		数值或说明
地理位置		29°N~33°N、108°E~116°E
面积		18.59 万平方千米
气候类型及特点		亚热带季风气候，雨热同期，水热充足
主要农业产出指标	粮食种植面积	4847.01 千公顷
	粮食总产量	2839.47 万吨
	蔬菜（含食用菌）产量	3963.94 万吨
	茶叶产量	32.98 万吨
	园林水果（不含果用瓜）产量	655.46 万吨

注：数据整理自湖北省官方统计资料。

之所以选取湖北省作为农民绿色生产的研究区域，除了其农业生产方面的代表性外，还因为其在绿色农业发展方面同样十分典型。诸多原因诱致的农业污染与生态环境恶化促使湖北省不得不重视农业的可持续发展问题。为实现农业生态环境保护与可持续发展，推进农业绿色化转型，加强农业面源污染治理一直是湖北省的工作重点之一。湖北省先后颁布实施了《湖北省水污染防治条例》《湖北省土壤污染防治条例》《湖北省畜牧条例》《湖北省农业生态环境保护条例》等地方性法规，并且设定了相应的工作目标，着力开展以减少污染物排放、提高资源利用效率和保护农业生态资源为核心的绿色化、生态化、清洁化和安全化农业生产方式和技术的推广工作。因此，以湖北省作为农业绿色生产问题研究区域，是符合课题研究需要的。

湖北全省东西狭长，因此，具体到省域内部，其在自然条件、农业生产、社会经济等诸多方面存在着较为明显的东西差异。为充分照顾地区差异，课题组选取了恩施土家族苗族自治州、荆门市和荆州市、黄石市分别作为鄂西地区、鄂中地区和鄂东地区的代表地区。调研地区的选择既兼顾了地理地形等方面的自然条件差异，又考虑到了经济社会方面的发展水平差异，较为科学合理，三个地区的部分主要特征如表1-2所示。

表1-2　鄂西地区、鄂中地区和鄂东地区的部分主要特征比较

指标	鄂西地区： 恩施土家族苗族自治州	鄂中地区： 荆门市、荆州市	鄂东地区： 黄石市
地形	山地峡谷	江汉平原	山地
面积	2.41万平方千米	1.23万平方千米、 1.41万平方千米	0.46万平方千米
粮食播种面积 （2018年）	375.60千公顷	476.73千公顷、 737.99千公顷	91.17千公顷
粮食总产量 （2018年）	146.69万吨	295.15万吨、 473.39万吨	57.28万吨
区域特点	世界硒都、旅游胜地	农业代表地区	原材料工业基地、 资源枯竭型城市转型

注：根据网络资料和各地官方统计资料整理。

1.5　研究的创新之处

本书的创新点可以从如下三个方面进行归纳：

第一，本书为审视和探究农民的农业绿色生产行为及激励措施提供了一个新

的研究视角，即生态经济理性视角，这有利于阐明即使在以自利为导向的理性决策框架中，"生态和经济"仍然能够有机统一于农民及农业生产行为的微观基础。

农民的农业绿色生产行为相关研究成果丰硕，诸多学者从经济收益、资本禀赋、利他和道德、社会制度和政策等方面开展了大量研究。但从本质上而言，必须看到农民的农业生产行为是一项经济行为，其根本问题的讨论依然要回归到经济学的分析框架。经济学的行为分析框架下，人们的行为决策目标在于寻求获取极大化的自我利益。相关研究中，涉及亲环境行为往往倾向于认为是出于道德或责任等因素，这或许是因未对农民绿色生产中生态环境成本或收益的私人部分和社会部分进行有效区分而混淆了两组关系，一是"生态和经济"的关系，或者说是"人与自然"的关系，即农民如何权衡自我生态利益和经济利益；二是"人与社会"的关系，即农民的绿色生产所产生的环境改善收益是为社会全体所共享的，但农民却承担所有成本，这显然与理性人的基本前提不相符。将生态与经济的关系和私人与社会的关系混为一谈，即保护生态环境与利他、责任等因素完全等同，这就间接忽视了个体对于自身生态环境方面利益的需求，同时将"私人和社会"的冲突混淆为"生态与经济"的对立。本书直面现实问题，即单纯作为经济行为的农民及农业生产与生态资源环境保护是否存在不可调和的矛盾，基于生态经济理性视角，重新审视农民绿色生产行为，明晰与廓清生态经济理性与传统经济理性的区别与联系，通过探究其动因和作用机理论证农民生态经济理性的存在及其在农民绿色生产行为决策中发挥作用的可能性，从而对经济理性分析框架进行有益补充，阐明生态经济发展时代，在剥离生态良知等利他色彩因素后，农民生产的生态利益与经济利益如何统一于生态经济理性决策框架中。

第二，本书不仅关注到了生态经济理性视角下农民绿色生产的个体行为，同时还考虑到了即使在生态经济理性发挥作用的前提下，农民绿色生产集体行动困境依旧存在的问题，这有利于提出更为全面系统的推动农民进行绿色生产的对策建议。

生态经济理性能够驱动农民开展农业绿色生产，但需要注意的是，生态经济理性的决策框架仅仅实现了个体层面"生态和经济"的协调兼顾，由于其决策目标依然是"自利"的，因而面对绿色生产外部性问题所导致的"人与社会"关系问题仍然无能为力，"搭便车"等会使农民绿色生产面临集体行动困境，也就是说个体生态经济理性的实现与群体生态经济理性的达成并不具备必然的因果关系。本书关注到了这一问题的存在，将基于外部性理论、选择性激励理论等，对生态经济理性视角下农民绿色生产集体行动困境存在的成因、表现进行分析与讨论，并在此基础上，探究如何实现有效的农民绿色生产生态补偿，以协调农业绿色生产各主体间的利益分配，从而实现农民绿色生产由个体行为转化为集体行动。本书中的生态经济理性视角，不仅考虑了在农民绿色生产问题上个体生态经济理性如何实现，同时还要探究群体生态经济理性如何达成。

第三，本书通过引入实现程度这一可观测变量，尝试将无法或者说难以度量的生态经济理性方面的个体差异进行量化，搭建起了单纯作为概念或视角的"理性"成为核心因素并参与农民绿色生产实证分析与检验的桥梁。

在经济学的个体行为分析框架中，多基于一个基本的前提，就是人们总是为自己的利益着想，努力寻求或者思考如何能够支付最小的成本而得到最多的经济收益和回报。基于这一分析视角的包括农民在内的个体行为研究如汗牛充栋，取得了理论和实证方面的丰硕成果。与此同时，一个得到公认的现实问题是，上述这种前提并不与实践中的情况十分吻合（袁艺和茅宁，2007），这仅是从学术探究的角度为了简化问题而提出的。这是对于人们行动目标的假设，但最后的行动结果未必完全满足其起初的目标。本书延续前人研究，基于生态经济理性视角考察农民绿色生产行为（何大安，2004），本书考虑的一个问题是，如何刻画不同农民在农业绿色生产决策中，生态经济理性的作用强度差异，只有刻画出这种强度差异，才能够进一步考察与验证生态经济理性在农民决策中的影响，进而得出具有实践指导意义的结论。然而理性往往不可或者难以被观测，对此，本书将通过观察农民个体在农业绿色生产中的综合表现与生态经济理性决策最优结果的接近程度，刻画出农民个体差异，即通过生态经济理性实现程度的个体差异这一显变量，表征生态经济理性个体差异这一潜变量，搭建起生态经济理性作为核心因素参与实证分析的"桥梁"。

第2章 文献回顾

本书聚焦于生态经济理性视角的农民绿色行为考察与分析，事实上，农业绿色生产是一项长期为广大学者所关注的重要问题，而基于理性视角考察农民行为的研究也见诸大量文献，成果丰硕。这都为本书讨论得以开展提供了宝贵的指导与借鉴，在此，有必要对农业绿色生产特别是农民的农业绿色生产行为和理性视角下农民行为研究进行简要的梳理回顾，这对于厘清本书逻辑思路、阐述本书研究意义十分重要。本章将从农业绿色生产和理性视角下的农民行为研究两个重要板块进行文献简要回顾与梳理。

2.1 农业绿色生产研究

2.1.1 农业绿色生产现状与价值评估

2.1.1.1 部分国家的农业绿色生产发展现状

鉴于农业绿色生产对于国家经济社会可持续发展的重要意义，各国都高度重视与大力推进农业绿色生产，其中部分发达国家较早地进行了有益探索并取得突出成就。

在推动绿色农业发展方式方面，各国的做法既有相同也有不同。例如，绿色农业推广走在前列的法国主要是通过制度、科技推广和各层次的机构普及推广相结合的系统措施，同时引入市场主体——企业参与来展开，在目标上主要是着力改变农业从业者的传统生产方式，以降低各类农药使用量为突破口（张莉等，2019）。意大利的生态绿色农业促进举措的重点目标在于保障农业产品的生态品质和优良的土壤资源，主要的途径是制定极为严格的农业产品生态品质标准并且强制实施，同时大力发展提倡有机土壤保护与耕种。有的发展中国家的绿色农业生产推广措施也可圈可点，以巴西为例，该国绿色农业举措的特点有：一是全面系统，即种植业、畜牧业齐头并进，而且注重保持农业生产的丰富性与多样性；二是对于种养殖业生产过程中的非期望产出进行了合理有效的处置及循环使用；三是以发展农业产出的国际贸易为导向，提升在国际市场上的绿色农产品竞争力。

通过大力倡导绿色农业生产，在生态环境保护方面和经济社会发展方面为各国带来了巨大收益。一是生态绿色清洁农业发展过程中催生出了许多新的人才或者人力需求，可以在一定程度上解决失业问题。例如，据官方统计，法国的生态绿色清洁农业生产仅在 2018 年就创造了超过 12 万个工作机会，比 2017 年的增长量多出了约 1/7（张莉等，2019）。二是提升农业生产在全球范围内的市场占有率。得益于面向国际贸易的全面生态绿色农业发展战略，巴西每年向全球提供的各类农业产品总量位居世界第三，而在畜牧业方面，巴西对于全球的鸡肉和牛肉供给量最高。三是培育国内农业产出消费增长的刺激点。生态绿色清洁的农业生产在源头上保障了产出品的品质安全，满足了人们的购买需求，据统计，法国的生态绿色农业产品消费量自 20 世纪末开始，以每 5~8 年翻一倍的速度增长，到 2018 年，其生态绿色农业产品的购销总额约 800 亿元（张莉等，2019）。四是保护农业生产不可或缺的珍贵生态资源。通过生态绿色农业发展，意大利保持着高比例的有机土壤资源，2018 年的统计数字显示其有机土壤总面积为 195 万公顷，为其保障农业产出能力提供了有力支撑；巴西通过对于种植业和养殖业废弃物的高效利用，不仅实现了农业产量增加，而且提升了整体经济效益。

我国一直高度重视农业绿色生产发展，经过长期不懈努力，取得了巨大成效。主要表现在以下几个方面：一是农业生产中化学投入品施用效率增加，2017 年，我国种植业的化学肥料施用效率比四年前增加了近 8%，化学药物的使用效率也在同一时期内提高了约 1/25。二是农业废弃物的无害化处理比例显著提升。

2017 年，农作物秸秆循环使用的比例超过了 4/5，养殖业废弃物循环使用的比例超过了 3/5。三是农业资源保护取得显著成效。以土壤资源为例，2016 年，我国高水平耕地的比例已经超过耕地总量的 1/4，中标准耕地的比例超过 2/5，与早期相比有着明显的进步。四是绿色安全农产品购销总量不断攀升，2017 年，我国生态农产品的购销额之和超过了 240 亿元，在过去的 20 年间，年均增长幅度超过 15%（中国农业科学院中国农业绿色发展研究中心，2018；肖琴等，2019）。尽管如此，我国农业可持续发展仍然面临着巨大压力。

2.1.1.2 微观视角的农业绿色生产现状

作为农业绿色生产的第一践行主体，农民到底在何种程度上响应农业绿色生产是学者关注的重点，诸多调查研究围绕这一问题展开。有研究表明有 62.72% 的农民愿意进行秸秆还田这一兼具资源循环利用和污染防控功能的绿色生产方式（朱启荣，2008）。史雨星等（2019）运用张掖市 718 户农村调查数据进行研究发现，有接近九成的农户愿意参与农业绿色生产合作，总体上参与意愿较强。石志恒和崔民（2020）基于甘肃省微观调查数据发现，超过 4/5 的农户有进行农业绿色生产的意愿，这一比例也较为理想。一项基于民勤县滴灌技术推广户的调研数据显示，有接近一半的农户愿意采用以滴灌技术为代表的绿色节约型农业技术（徐涛等，2018a）。史恒通等（2018）基于黑河流域 801 户农户的调研也发现，超过 4/5 的农户愿意为流域生态治理进行投资。

从上述调查中可以发现，农民对于农业绿色生产具有较高的热情和意愿，情况较为理想，似乎不必为我国农业绿色生产担忧。然而，如果将目光投向农民的行为响应，则似乎又另有一番结论。畅倩等（2020）利用秦巴生物多样性生态功能区 630 户稻农调查数据进行分析后发现，施用农家肥或有机肥的农户数最多（292 户），实施农田（机）深松、农药瓶回收或掩埋的农户分别有 209 户和 207户，有农膜回收行为的农户有 161 户，实施其他生态绿色生产行为的农户均未超过 80 户。由此可见，在农业绿色生产问题上，农民个体存在着意愿与行为相悖的现状，且多表现为行为滞后于意愿，这一现象广泛存在于农业绿色生产方式中。张童朝等（2019b）通过对山东、河北、湖北和安徽 4 省 1372 户农户进行调查研究发现，农民在秸秆资源化利用这一绿色生产方式上存在着意愿与行为背离的现象，其中 36.81% 的农民秸秆资源化利用意愿与行为背离，且多表现为"有意愿而无行为"。吕杰等（2015）研究发现，农民在实践中选择秸秆还田或制沼气的比例之和仅为13.73%。一项针对河南农户的调查发现，有超过一半的表达过愿意采用有机肥料的农户并没有相应的使用行为，可见农民意愿与行为不符的比例已经非常之高（张丙昕，2018）。而在余威震等（2017）基于湖北的调查研究中，结果更令人吃惊，有超过3/5的农户在有机肥料使用上的行为落后于意愿。

2.1.1.3 农业绿色生产价值评估

农业绿色生产价值评估的思想与方法源自生态系统服务价值与生态补偿标准评估，事实上，农业绿色生产价值评估的实践意义也在于为确定合理的农业绿色生产激励与补偿标准提供科学依据。根据Wunder（2005）的判定，生态补偿应同时满足交易自愿发生、生态服务明细、界定生态服务买卖双方同时存在以及持续性的生态服务供给等条件。而补偿标准的确定关键在于生态系统服务价值的测算，学者基于不同尺度，如全球尺度（Pimental等，1997）、流域尺度（Gren等，1995）等，不同资源类型，如生物多样性、湿地、河流、森林等资源进行了生态价值估算（Loomis等，2000；Lal等，2003；Turner等，2000；Mendonca等，2003）。

国内学者针对不同生态系统资源价值进行了评估。如欧阳志云和王效科（1999）初步研究了中国陆地生态系统价值，也有学者评估了我国的地表水、草地和森利生态价值（赵同谦等，2003，2004a，2004b），或者针对特定区域或功能，如青藏高原、北京山区、黄土高原或者生物多样性等进行了生态价值评估（谢高地等，2001，2003；余新晓，2005，2002；李晶和任志远，2011a，2011b；周景博等，2016）。谢高地等（2015）研究表明，中国各种生态系统价值的年货币金额超过38万亿元。也有学者就某一产业的生态系统价值进行货币金额估算，如沙产业（刘铮瑶等，2015）、橡胶产业（陈伟等，2007）、甘蔗产业（林克涛等，2016）等。常用到的评估方法有：①直接市场法，如影子价格方法、市场价值方法（田刚和蔡博峰，2004）、影子工程方法（刘利花等，2015）等。②替代市场法，如内涵资产法（HPM）（李京梅和许志华，2014）、旅行成本法（TCM）（薛达元等，1999；靳乐山，1999）。③假想市场法，如条件价值法（徐中民等，2002；曹先磊等，2017）、选择实验法（史恒通和赵敏娟，2015）等。但是在具体生态补偿标准估算中，应将依据放在本身的生态服务货币金额上还是补偿效率提高上，相关研究尚存在一些争议（蔡银莺和张安录，2010）。

微观视角的农民个体绿色生产行为价值评估主要通过假想市场法展开，由于这一类研究聚焦于个体，因而对于制定面向个体行为调节的生态价值补偿标准具有重要的参照意义，很多学者针对不同的绿色生产行为进行了相应的调查研究。聚焦于农业废弃物资源化，颜廷武等（2016）估算出每户农户的支付意愿水平约为 10 元/月，而不同的算法得出的具体补偿标准也会有所差异，通过参数估计方法得出每户农户的补偿标准为 544.32 元/年，非参数估计方法得到每户农户的补偿标准为 400~500 元/年（颜廷武等，2015）。还有研究发现，这种生态价值评估结果与受访者年龄有着密切关联，在何可等（2014）的研究中，年轻农户的农业废弃物资源化投资意愿水平为 250 元/年，比年龄较大的农民高出近 60 元。周颖（2016）基于河北地区玉米秸秆还田的调查发现，对于不同经营规模的农户应该实行不同补偿额度，经营规模越小的农户，越需要进行较高额度补偿。与之相对应地，还有人研究了小麦种植农户的秸秆利用补偿标准问题（王舒娟和蔡荣，2014）。李晓平等（2019）估算出农户每年肥药减量化的生态补贴额度为 50~60 元/公顷，或许这一标准还在可以实施的能力范围之内，但是如果进一步提高规格，则必须大幅度提高补贴额度，因为如果肥药减量满足生态安全规格，则每年补贴的额度高至 7000~10000 元/公顷。在河流生态系统保护方面，史恒通等（2018）研究发现，农户流域保护支付意愿水平每人大约为 200 元/年。徐涛等（2018c）测度后认为农民滴灌技术使用的补贴额度每年约为 800 元/公顷，如果补偿额度太低不能弥补农民额外支出，那么他们很难采取行动。由此可见，诸多学者就各种农业生产中所涉及的主要生态补偿标准在不同空间尺度、不同研究对象上采用不同方法和不同视角进行了评估与讨论，为现实中的问题解决提供有意义的参考。

2.1.2　不同视角的农民绿色生产行为及影响因素研究

作为农业生产的主体和绿色农业的践行者，农民绿色生产行为一直是学者关心的热点问题。已有研究对农户某一种或几种绿色生产行为的采纳决策和方式及影响因素进行探讨（黄武等，2012；杨志海，2018；李芬妮等，2019a），取得了丰富的研究成果。

一是基于经济理性视角以成本收益核算作为农民绿色生产行为决策的根本原则展开相应的影响因素分析。王舒娟和蔡荣（2014）比较了不同的农作物秸秆利用途径的利润空间。马妍（2014）通过比较测土配方肥料施用技术的成本收益后发现，测土配方肥料施用的利润空间与所种植的品种关系，粮食作物还是经济作物，同一作物中的品系变化都会对使用效益产生影响。Jensen 等（2007）、Villamil 等（2008）探讨了农户种植能源作物的成本收益及其农业生产过程中废弃物的市场化问题，发现种植面积在一定程度上会影响作物秸秆的市场供给情况（Varvel 等，2008），针对作物秸秆供给问题，Giannoccaro（2017）分析了农民的农业废弃物供应偏好与意愿问题。关于农业废弃物市场供给评估研究方面，有学者（Petrolia，2008）认为假设参与率的做法可能会使对农户可接受的边际利润率定义较为宽泛，而利润又恰是农民绿色生产中不可忽视的因素（李芬妮，2019b）。经营规模依然是与绿色生产行为效益密切相关的重要因素，研究发现，养殖废弃物利用的利润空间和养殖规模关系非常密切，一般而言，随着养殖规模的扩大，这种利润空间也会逐渐增加（陈菲菲等，2017）。即使是生活垃圾的处理，成本收益也是重要的影响因素，只有环境改善所获得的收益大于因乱扔垃圾造成的农村环境污染损失，农民才会采取行动（唐林等，2019）。不仅是生产环节和生活环节后期的废弃物处理，生产环节中也是如此。史修艺等（2019）指出，作为理性经济人，种植户采用绿色生产技术与否往往取决于其绿色生产技术的预期收益。黄炎忠和罗小锋（2018）发现利润型稻农的生物农药施用行为与普通农药施用成本、单产收益密切相关。而成本的表现方式不仅是金钱，也体现为获取成本，Shearer 等（1981）以美国中西部有机化农场为例，对 1977 年和 1978 年施用化肥和有机肥两种模式的成本收益指标进行对比，发现使用化肥比使用有机肥的生产成本高，但有机肥相对于化肥来说，比较难获取。除获取成本外，时间成本预期同样是农民进行农业绿色生产十分重要的影响因素（He 等，2018）。

二是基于个体特征或家庭特征或生计资本视角，综合运用经济学、管理学和社会学等相关理论进行的多维度交叉分析。有研究认为农民绿色生产行为将会受到经营特征、社会经济状况和个人特征三个主要方面的影响（Giannoccaro，2017）。何可和张俊飚（2014）专门讨论了自我雇佣型女性农民的非期望农业产出物循环利用意愿。田云等（2015）分析了经营规模、务农时长、家庭决策者性别和角色、减碳生产了解程度对农户减碳生产的影响。吴雪莲等（2017）着重分析了农民农业生态绿色清洁生产方式了解程度的关联因子和这些因子之间的不同深度分布。颜廷武等（2017）基于安徽、山东等7省份农民绿色生产行为分析，发现农民所处地区的状况和条件等因素具有更为强烈的影响。张童朝等（2019a）基于现阶段农业绿色生产的机械化、亲环境和劳动替代属性分析发现，农业兼业、家庭收入、经营规模和价值认知等成为影响农民采纳农业绿色生产技术的显著因素。畅倩等（2020）评估了农民的绿色生产行为整体评价指标，并讨论了兼业与其行为的关联，同时，还考虑了农民家庭特征和发展阶段的影响。一项基于民勤县滴灌技术推广的研究发现，规模化经营能够提升农户滴灌技术采纳意愿，但规模化并非简单的经营总面积提升，更重要的是避免地块分布过于细散，以便于单个地块的机械化操作，该团队的另一项研究则通过结构方程模型分析了农户主观认识的作用（徐涛等，2018a，2018b）。

事实上，管理学中的结构方程模型被诸多学者应用于农民的绿色生产行为研究中，Jiang等（2018）采用Structural Equation Model探究了计划行为理论框架的核心构念对农民农业生物质废弃物再利用意愿的影响，发现主观规范是影响农民进行农业废弃资源化的显著因素，除此之外，性别、学历等因素也扮演着重要角色；石志恒和崔民（2020）从农户经济学特征与社会学属性角度出发，在计划行为理论基础上，引入经济理性与环境价值观两个预测变量，建构了农户绿色生产意愿的扩展计划行为理论研究框架，并利用结构方程进行了相应的实证检验。

实践中，农民的行为决策往往受到自身资本禀赋的约束（Baland等，2007）。有学者另辟蹊径，将农户环保方面的支付意愿视为一种投资，并从资本禀赋的视角分析了农户绿色生产的驱动因素（何可等，2014；丰军辉等，2014；颜廷武等，2016；李晓平等，2018）。张童朝等（2017）以秸秆还田为例系统探讨了不同类型的资本禀赋水平和结构对农民绿色生产投资意愿的影响。在资本禀赋对农民绿色生产行为的研究中，诸多学者强调突出了社会资本的关键作用，认为其既可限制掠夺性的利己行为，又可激励人们从事公共事务（Bourdieu，1985；Putnam，1993；Luhmann，1979；Gouldner，1960；张翠娥等，2016），何可等

（2015）的研究证实了该观点在农民绿色生态行为中也是适用的。Zeng 等（2019a）探讨了家庭内部交流进行的观察学习和基于经验的学习对稻农采用可持续农业技术的影响，并进一步证实了从众倾向对农户采用秸秆能源利用意愿的影响（Zeng 等，2019b）。类似地，李明月等（2020）分析认为邻里效应能够正向促进农户绿色生产技术采纳，而代际效应的存在却不利于农户开展绿色生产。史雨星等（2019）结合社会经济学理论研究发现，认知和社会资本对于农民在生态绿色生产方面达成群体一致具有积极影响。

三是基于道德责任或情感等视角，着重考察农民绿色生产行为中非经济因素的存在及其产生的影响。研究发现农场决策是一个复杂的过程，虽然经济因素普遍会对农场决策产生影响，但是经济因素并非唯一因素，许多农户都愿意放弃利润以保护环境（Chouinard 等，2008）。张童朝等（2019a）指出除自利动机外，农民同时具有利他倾向，对具有生态福利属性的绿色农业技术有着良好的潜在认同与需求。有文献专门探究了心理情感方面的归属感对于农民绿色生产行为的影响（李芬妮等，2020），认为归属感作为农户参与村庄公共事务的"催化剂"（Chavis 和 Wandersman，1990），可减少农户以破坏环境为代价的利己行为，归属感会推动农户树立环境保护的行为目标，从而推动农民的亲环境行动（Carrus 等，2005；Vaske 和 Kobrin，2001）。Mayo（1933）认为，与单纯的货币利润相比，不同个体间的情感联结或许对于所在团体的情感依赖在他们行为中扮演的角色更为关键。Klandermans（2002）、Shimada（2015）、Lo 等（2015）均指出，具有强烈社区归属感的农户会更倾向于参与社区的公共事务。类似地，高群体认同度会促使个体行为动机从以个体层面为主转移到以集体层面为主，通过面子观念间接地促进农户的亲环境行为（唐林等，2019；Chen 等，2007），基于实地调研数据的分析也发现，村庄归属感对农户参与绿色生产具有显著的促进作用，且这种作用强度与农户个体特质密切相关（李芬妮等，2020）。人文地理学的相关观点指出，人们对资源环境的态度和行为还受到由地方依恋等形成的"人—地"关系影响（Hernandez 等，2010）。有文献提出，对于某个地区的依赖和眷恋的情感及和其相关的文化与主观观念等在推动人们的亲环境行为中扮演着十分有益的角色（Song 和 Soopramanien，2019；Moulay 等，2018）。Kyle 等（2005）发现地方依恋可以带来人们对环境保护的更多关注与投入。Vaske 和 Kobrin（2001）指出，地方依恋能够促使人们更容易在日常生活中表现出友好的环境行为，同时，越强的地方依恋越能预测人们对环境治理的支持态度（Carrus 等，2005）。Scannell 和 Gifford（2010）发现，人们的地方依恋与环保意识正相关，并且人们对于其居住地方认同感越强，他们表现出的环境友好行为越频繁，这种乡土依恋情结能够显著增强农户的亲环境集体行动意愿（庄晋财和陈聪，2018；王学婷等，2020）。

上述研究视角均基于农民或者其家庭的内在因素进行分析，也有许多学者基于以政策制度等外生变量影响的视角展开相应的讨论。农民本身具有农业绿色生产的需求与认同，但囿于认知不完全以及包括政策制度等在内的外部环境不确定问题，在绿色技术面前往往表现为迟疑甚至退缩（张童朝等，2019a）。Skevas 等（2012）采用政策模拟模型，选择了农药税、对农药环境溢出的价格处罚、补贴和配额四种不同的政策工具评估发现，按毒性区分的税收不会导致低毒性农药取代高毒性农药，低毒性产品补贴不影响高毒产品的使用，而配额的方法在降低有毒药物投入方面的效果更加显著。Luo 等（2014）通过分析农业清洁生产的特征、补贴和其他激励措施及其净收入潜在损失的补偿等发现，各级政府的财政支持对其长期有效的推广是必不可少的，对自愿采用清洁生产做法的农民进行补贴被认为是公平和公正的，这样可以避免他们的生产利润和生活质量受到不可接受的降低，合理、有针对性的激励措施对清洁农业生产具有重要意义。然而，现阶段政府奖励性的手段没有达到预期的效力水准，与之相对应的惩罚类手段也没有产生应有的作用（尚燕等，2018）。因此，李芬妮等（2019c）认为除了关注政府的外部干预之外，还必须基于中国农村社会生态的特征，不要忽略一些村域范围内约定俗成的软制度的角色和功能。

除了基于不同视角探究农民的农业绿色生产意愿行为影响因素，诸多学者还专门就农民开展绿色农业生产的意愿与行为相悖现象的原因展开分析讨论。这种意愿与行为偏离的研究最早出现于消费者实验和生育意愿等问题研究（Brownstone 等，2000；Bonggaarts，2001），近年来，在农民绿色生产中的意愿与行为背离问题日益受到关注。这种探究思路分为两种，一种思路是通过分别研究影响农民绿色生产行为的因素并比较其中的差异。姜利娜和赵霞（2017）认为农民买入绿色农药言行不一的原因在于两者受到了不同因素的影响，意愿更容易受到外围推介的影响，一旦真的要购买，售价则成为了农民考虑的关键问题。围绕这一思路，有文献分析了农民农业资源保护意愿和行为背离的关联动因，并认为国家政策和外部环境是其中的深刻动因（李玉贝，2018）。除此之外，个体特征、农业组织化程度也会产生影响，但是如果农户对于农业生产的依赖度降低，那么农民的绿色生态生产行为则会与意愿产生差异（张丙昕，2018）。除了将农户绿色生产意愿和行为分列开来，对比研究其影响因素差异，另一种思路是探究农民绿色生产意愿与行为背离，直接以农户绿色生产的意愿和行为是否发生背离作为关注点，探究其中的影响因素差异。余威震等（2017）以农民的绿色生产意愿和行为是否一致为因变量，通过实证讨论发现个体特征和种植面积等是其中内在的症结性原因。参照相关研究（MacInnis 和 Jaworski，1989；Rothschild，1999；Gruen 等，2007），聚焦于农民的秸秆资源化利用意愿和行为背离问题，张童朝等（2019b）通过 MOA 模型分析认为，分散经营与耕地细碎增加了秸秆机械处置的直接成本；种植业比较效益低下、农民家庭种植生产的依赖度降低抬升了秸秆处置的机会成本；认知能力不足降低了农民对于秸秆利用的预期收益；行为能力不足增加了技术学习成本与难度，并削弱了利用效果，进一步降低了秸秆资源化的实际收益，导致了农民意愿和行为背离问题。

2.1.3 推动农民绿色生产的对策探究

在探究了农民绿色生产行为现状、价值评估及其影响因素后，提出有效的政策建议以促进农民绿色生产行为成为一个广受热议的话题，诸多文献基于其研究视角给出了各自的政策建议，主要包括如下四个方面：

第一，基于成本收益和生态补偿的研究分析，认为应该探究低成本的农业绿色生产实践思路和有效的农民绿色生产行为生态补偿机制，以解决农业绿色生产外部性问题，从而实现生态环境增益的有效分配。要构建以不同作物组合和较少化学投入为特征的替代农业系统以提高作物产量和农户净收入（Shearer 等，1981），同时积极研发和推广低成本生态清洁无污染农业生产方式或者装备，降低农户施行绿色生产行为的成本；积极发展面向生态绿色无污染农业生产的服务组织，通过满足小农户、散农户和弱农户在农地耕作、田间管理和收割收获以及病虫草害防控等环节中的技术服务需求，推动生态绿色农业生产方式扩散（郑沃林，2020）。同时，还要创新发展以农业绿色生产为导向的绿色补贴（Zeng 等，2019a；Skevas 等，2012），对开展农业绿色生产的农户实施合理补贴，以增强农户绿色生产的积极性（余威震等，2020）。

第二，基于社会资本或关系视角讨论后，认为应该构建强化农民社会关系网络，增强社会资本在农业绿色生产中的增进效应。社会资本强烈的经济效应已经为诸多研究所证实（Lin，2001；Granovetter，1973），社会资本中的社会网络不仅是特定个人之间的一种关系，也可以作为一种非正式制度安排（Genius 等，2014；张敏和童丽静，2015；许浩然和荆新，2016；章元和陆铭，2009）存在于集体、组织和制度层面，与正式制度相辅相成共同强化制度规范的作用，在农民开展生态绿色生产决策中理应扮演关键角色（颜廷武等，2016；薛姣姣等，2019）。要在村庄范围内构筑起农业生产观念、知识和技术的了解、学习、反馈与互动舞台，强调其在农民社会交往中的信息传递、互惠互利和互通有无的功能发挥，并将其扩散至生态绿色生产方式推广中；在此前提下，要将政府的正式干预手段同农村社会信任构建、社会网络的监督约束相结合，充分激发社会力量在其中的效力与效果（Watts 和 Strongatz，1998；王学婷等，2019；李明月等，2020）。

第三，在聚焦于个体或家庭特征研究后，提出需要特别注重或者通过改进农户在个体或家庭特征某些方面的属性（Lee 等，2013），有针对性地促进不同年龄、文化水平和性别农户的绿色生产行为。例如，对年轻的农民，由于这些农民年富力强，具备发展农业规模经营的潜力，是现代农业发展的中坚力量，因此，要大力给予其生产现代化和组织化方面的财力物力支持，从而为我国农业绿色化转型培养支柱力量；对于老年农民来说，应充分重视乡村社会资本的力量，通过强调老年人的社会资本存量增长，实现村域内老年农民的互帮互助，促进其进一步实施劳动密集型绿色生产行为（杨志海，2018；石志恒和崔民，2020）。同时，必须看到，农村妇女的整体人力资本较弱，但是又在我国农业生产中占据重要地位，因此大力发展农村教育和面向妇女的农业生产培训，也是实现生态绿色农业生产方式扩散的必要手段（史雨星等，2019；韩雅清等 2017；Mulema 等，2019；Peterman 等，2010）。

第四，重点考察政府政策制度效力的研究，应从完善当前农业绿色生产政策制度入手,推动农民参与农业绿色生产。应注重农业政策稳定性、持续性与简明性,使农民可以更好地理解并做出行为响应(张童朝等,2019a)。此外,在具体执行中要注意因地制宜,以优化政策效果,同时建立并完善配套化服务体系,从而为农民开展生态绿色农业生产提供更为有利的技术指导和外部环境。除此之外,应该设计一套完善的农业生态绿色技术推广手段组合,既应有奖励性的补贴手段,还应配合以合理的、适度的强制性条例,双管齐下(尚燕等,2018)。同时,开展生态绿色农业生产技术扩散不能仅仅依靠政府外部干预,要与中国乡土社会实际相结合,注重发挥政府政策干预硬拳头和乡土社会公约软约束相结合的优势,"依系""依情"完善政策措施(李芬妮等,2019b)。也有观点提出,由于关键群体对于集体的意愿达成与付诸行动具有重要作用(Marwell 和 Oliver,1993),村干部的特殊地位决定他们的观念态度和行动方式会赢得普通农村居民的效仿和追随,同时他们也是农民了解政策法规的主要渠道之一(史清华和陈凯,2002),干群关系是影响农民政策评价的重要因素,应通过政策宣传路径、规则认同路径明确农民行为准则并强化其内在责任感(Van Zomeren 等,2008),因此,强化村干部队伍建设,塑造紧密有力的干群关系,充分发挥"新乡贤"在乡村治理中的天然优势,克服村域资源环境"脱嵌式开发"(耿言虎,2017),有利于促进国家具有明显生态福祉属性的农业绿色生产发展"德政"实现在乡村地区的"善治",是贯彻落实乡村振兴战略极为重要的"最后一公里"(张童朝等,2020)。此外,还有一些研究专门关注农民在农业绿色生产行为中的道德或责任因素的影响,并给出了相应的建议。姚柳杨等(2016)认为绿色农业发展措施设计应该充分注意到农户对于生态利益的追求和抱有的生态责任感,基于这一前提制定差异化的应对方法,提升推广策略的靶向性。张童朝等(2019a)认为,在强调经济手段调节的同时,应注重发挥农村社会公共道德规范的强大驱动、约束与监督力量,通过宣传培训(Manimozhi 和 Vaishnavi,2012)、发挥先进典型的作用(Oliver 和 Gerald,1988)、互相监督错误行为(Ward 和 Michael,1998)等建立起绿色生产规范标准,促使农民形成正确的绿色荣辱观。

2.2 理性视角下农民行为研究

长期以来，农民理性一直是学术界关注并不断进行讨论的话题，而讨论的重点多是农民行为发生中理性如何发挥作用或者说完全符合理性的预定。在相当长的一段时间内，双方各执一词，在不同视角下构建了自己的研究体系，并为揭示与考察农民行为做出了重要贡献。

2.2.1 "理性小农"研究

持有"理性小农"观点的学者一直保有自己的态度，他们认为小规模的分散农户也是符合理性假说的。小规模经营的分散农户缺乏规模效益，在采用较为先进的生产手段和获取自己需要的生产信息方面都比较弱势，但是他们和那些大农场经营者、大公司经理人或者大企业生产者在参与各类买卖交易和安排生产计划时的表现并没有根本性的差异。尽管各方面的条件都比较差，分散化的小规模的看似落后的农户仍然能够充分利用有限生产手段和生产信息，去完成自己所能达到的最为符合预期的生产行动与安排，最终找到实现最大的生产利润空间和生产绩效的途径。尽管农民手中的资本很少，但他们对于价格的响应与资本家是没有差别的，小农户在自己进行农业生产的各个环节，例如栽种多大面积、使用多少数量的种子、怎样安排田间管理手段、如何搭配人力牲畜和装备等，都已经有了符合自己追逐最大利润空间的计划与布置，农户在自我可以决策和管理的范围内，能够让所有的行动绩效达到很高的水平。Popkin（1979）曾在 *The Rational Peasant* 一书中指出我们通常所说的小农户可以通过自己的计划安排在有限的条件下争取到最为巨大的利润空间，这种利润核算的单位可以是个人也可以是自己的家庭。这就意味着，尽管分散的小规模农户与理论模型中完美的个体设定有所区别，然而我们常用的理性分析框架对于理解和解释他们的行为仍旧是有指导意义的（林毅夫，1988），速水佑次郎（2003）也持有类似的观点。

除了上述学者的观点外，还有一些研究者与之类似，但是又有所不同。相同的地方在于他们也赞成小农是理性的，不同的是关于理性的表现形式。上述学者的关注点主要可以概括为分散的小规模农户仍然可以利用有限的甚至是落后的条件寻求到最为巨大的利润空间，而后者认为小农户的目标并不是谋求最为巨大的利润空间，而是寻求最为低水平的生产投入（马克斯·韦伯，2012），当然，这种情况一般是建立在分散小农户已经具备了一定物质水平的情况下，也就是说，他们并没有持续不断地获取利润的想法（韩喜平，2001）。有学者基于亚洲热带地区农业生产和农村社会生活的调查研究发现，在分散的小规模农户的生产经营活动决策中，居于第一位的不是谋取最为巨额的利润空间，而是保证自我的最低限度的农业产出品需求，更直接的就是保证自己可以规避饥饿等直接威胁生命的极端情况出现，出于这样的目的，在生产资料有限的情况下，不同的小规模农户不得不为了存活下来而相互帮助与救济，本质上，这其实是对于极端的风险预防性的规避防控（Scott，1976）。就这个角度而言，分散的小规模经营农户和那些始终不断追逐巨额利润的大农场主和企业家等是不一样的（恰亚诺夫，1996），在他们这里，活下来才是放在第一位的，利润的增加被放到第二位。

前文的观点都是基于国外实际状况得出的结论，对于理性小农问题，还有一种介于上述两种观点之间的视角，这主要是基于中国农村社会研究后得出的观点。经过对中国北方农村社会的细致考察与分析，有学者认为对于分散的小规模农户，无论是寻求最为巨额的利润空间也好，还是把保证自我存活放到第一位也好，这两种描述都不完全与中国北方农村居民的特征相吻合，因为对于任何一个中国北方农村的小规模农户，利润空间的谋求和免于存活危机的渴望都是并存的，不能够在他们身上完全剥离开来（黄宗智，2000）。除此之外，由于特殊的历史背景，中国北方的分散小规模农户不仅谋求利润极大化，还始终把存活下来作为行为基准。还有不可忽视的一点在于，他们还是饱受压迫的处于底层的弱势群体，这都是他们身上的特征（杜赞奇，1996）。随着改革开放的步伐，我国农村社会发生了翻天覆地的变化，上述的分析与观点可能已经无法与现在的我国小规模农户表现相吻合，这主要是由于农民再也不需要考虑自己能否存活的问题，也没有了外在的压迫和盘剥，在此情况下，即使是分散的小规模农户也开始越来越多地进行彼此之间的社会化交往互动，社会化程度达到了一个空前的高度，而这种变化和现实催生了他们对于金钱的渴望和追逐，因为各种活动都需要金钱的消耗，由此，他们在生产资料安排方面和谋生手段选择方面都呈现出了与之前不一样的特点（徐勇，2006；邓大才，2006）。

2.2.2 有限理性视角的农民行为研究

与理性相对地，出现了有限理性的观点。有限理性（Bounded Rationality）的核心观点就是认为人们主观上确实要实现理性的目标，但是现实中最终实现的结果总是和完全理性的目标有差距（Arrow，1970）。Simon（1982）将"有限理性"引入经济学，他认为人只能选择出最满意的结果，但是无法做到最优结果。这事实上是对传统的完全理性假设提出了挑战与疑问。尽管传统经济学将不完全信息、信息处理费用等引入模型以增强完全理性人为前提的研究解释力，但"有限理性"的思想依然为诸多学者关注、探究并不断发展。启发式法和偏见的存在以及展望理论表明，不确定的状态也是影响人们选择的重要因素（于全辉，2006）。另一个对完全理性的怀疑则是利他行为和道德偏好的存在。亚当·斯密在其著作《道德情操论》中就表露出了人的"利他"动机观点，马歇尔也曾提出人的动机不是完全利己的看法。阿马蒂亚·森（1996）结合日本经济情形指出遵循义务、忠诚和善意的存在而使自利行为出现系统偏离。基于前人的研究，叶航等（2005）探讨了作为内生偏好的利他行为及其经济意义，事实上，人除了有经济动机外，还有社会动机和道德动机，何大安（2005）针对不确定条件下的行为做了理性选择向非理性选择转化的行为分析，杨云鹏（2012）对经济人假设进行了重构猜想。此外，经济理性另外两个基本含义也分别因个体理性与集体理性的冲突以及绝对理想化的决策主体和决策条件在现实中无法得到而受到质疑（袁艺和茅宁，2007）。

如何建立有限理性的分析框架并应用于问题的研究一直是学者所关心的问题。Chenault 和 Flueckiger（1983）讨论了有限理性的信息理论模型，Munier 等（1999）综合比较过去十年间的建模策略，探究了一个用于描述行为的有限理性模型，何大安（2004）认为有限理性有一个实现程度问题，并依据认知、环境和信息三方面的影响因素，建立了相应的理论模型，将有限理性按照程度由低到高分为即时有限理性、实际有限理性和潜在有限理性三种状态。延续 Sheshinski（2003）的研究，江涛和覃琼霞（2007）通过将有限理性模型化考察了有限理性结构下的纯个体决策，通过将有限理性模型化并和理性决策模型区分开来，对个体决策和集体行动进行了分析。Aghion 等（2015）则讨论了有限理性在市场交易行为的作用。基于有限理性假设，李国柱和朱怀庆（2004）、邵鹏（2010）、李科和陆蓉（2011）用理论模型讨论了投资者行为，认为即使被给予相同的资料，不同的人仍然会做出不同选择。

理论上来说，农民自然也符合上述情形，即也存在着有限理性的问题。尽管有学者认为传统农业虽然落后，小农却仍然是一个理性的"经济人"，如舒尔茨、波普金等，但另一些研究发现这一观点并不是绝对的，郑风田（2000）曾提出中国农民制度理性的假说，认为农民理性与否取决于制度是否适宜。熊巍（2002）指出低收入、传统观念和短视性的制约会导致我国农民的非理性表现。农民在不同客观条件限制下会表现出不同的"理性限度"，信息闭塞和有限的计算能力也是导致农民有限理性的原因之一（吴郁玲和曲福田，2006；霍丽，2008；王力，2013）。罗明忠和邹佳瑜（2012）认为农民创业者是有限理性群体，往往基于习性、习惯产生非理性选择。陈霄（2012）基于有限理性探究了农民宅基地退出意愿问题。大量的研究也发现农民在农业融资决策（Musshoff 和 Hirschauer，2011）、土地流转行为（钟涨宝等，2007）、劳动力转移决策（王春蕊，2010）、土地利用（陈姗姗等，2012）、土地调整效率损失的认知（丰雷等，2013）、"新农合"参与（冯梅芳，2012）以及包括绿色生产在内的生产行为决策（Malawska，2016；张童朝等，2019a）等方面均存在着有限理性的表现。综上所述，尽管存在着不同的观点，但认知条件、计算能力和外部制度导致农民决策中存在有限理性甚至非理性现象的观点，业已得到诸多学者在理论和实证层面上的认同。

2.3 文献评述

通过对以往研究进行简要回顾可以发现，前人围绕农业及农民绿色生产和农民理性问题展开了大量研究，取得了丰富的研究成果，并在诸多方面达成共识，为本书研究的开展奠定了坚实的基础，但同时也存在可能的拓展空间。

2.3.1 相关研究的共识与贡献

第一，开展农业绿色生产具有重要意义，但是我国绿色生态农业发展仍然面临着巨大压力。世界各国对于农业绿色生产发展都十分重视，我国也不例外，且经过长期努力，取得明显成效。但是，就现阶段而言，我国与发达国家还存在很大差距，农业生产中环境污染与资源高消耗的局面并没有得到根本扭转，农业产品尚不能完全适应生态经济发展时代的要求和形势。

第二，农民绿色生产的行为响应并不理想，其中受到了多种因素的综合影响。大量研究表明我国农民对于农业绿色生产的意愿响应较高，但实际行动确实不理想。其中受到了来自个体和家庭特征、社会资本和政策制度等诸多层面因素的影响，而不同的理论分析框架也会得出不同的结论。因而，进一步围绕农民的农业绿色生产行为展开相应讨论仍然对学术探究和实践问题解决存在巨大价值。

第三，农业绿色生产的价值评估及其生态补偿机制构建是推动农民绿色生产的重要因素。农业绿色生产外部性的存在会使"看不见的手"的调节作用减弱乃至完全失效，必须引入有效的干预手段，如开展相应的补贴等方式进行合理的收益分配。大量研究都认可生态补偿在此间扮演着不可或缺的角色，并针对不同的农业绿色生产行为的补偿标准进行了探究，尝试给出了其相应的生态补偿具体措施。

2.3.2 可能的拓展空间

经整理归纳可以发现，前人在农民绿色生产方面进行了大量开拓性研究与创新性工作，相关文献汗牛充栋，成果丰硕。这对于本书凝练与解析农民绿色生产的核心问题、寻求问题分析与研究思路、构建研究框架和选取研究方法提供了宝贵的指导与借鉴。但具体到农民绿色生产的核心问题分析与解决，仍有值得拓展或改进的空间，主要表现为在经济理性视角的农民绿色生产研究中，鲜有研究对其中所涉及的生态与经济成本收益和私人与社会成本收益的区别联系进行明确，进而导致易将农民绿色生产中"私人和社会"冲突混淆为"生态和经济"的对立，或者同时把利他色彩的道德责任等因素与理性分析框架用于问题讨论，这或在一定程度上会影响学理层面的逻辑推演和实践层面的问题解决思路的提出。具体表现为：

第一，基于理性农民视角的农业绿色生产行为研究，对于成本收益的分析与权衡有待细化，以明晰绿色生产中的生态成本收益与社会成本收益的区别与联系。相关文献在资本禀赋、责任感知和政策制度等诸多方面对农民的绿色生产行为进行了研究，但农业生产作为一项物质再生产的经济活动，其分析终究要回到经济学的框架中来。成本收益分析是经济学分析问题的关键方法，也是农民绿色生产行为决策研究中常常提及的问题，但在实际分析中，并未对农民绿色生产行为的生态环境成本或收益中的个人和社会部分进行有效区分，环境成本收益并不完全等于社会成本和收益，两者既有重合也有不同，如果不能明确将环境成本和收益中的私人和社会部分分离开来讨论，将其进行细化与区分则不能真正厘清农民个体理性视角的利益最大化决策是如何发生的，其间这种个体环境成本和收益的权衡又是否发挥着作用，由此所得出的结论和对策也可能会有失偏颇。

第二，关于农民绿色生产行为决策框架中"生态和经济"的关系问题缺乏一个有效框架予以理顺，也未对其和生态良知或道德责任等处理"私人和社会"关系的因素进行明确辨析比较。承接上述提到的成本收益不被细分问题，相关研究中，一旦涉及生态环境问题，往往会混淆两对关系，一是"生态和经济"的关系，或者说是"人与自然"的关系，即农民如何看待人类发展与生态系统或者说是大自然开发与保护的关系，如何权衡自己的生态利益和经济利益。二是"人与社会"的关系，即农民的绿色生产或者环境保护行为所产生的环境改善收益（正外部性）是为社会全体所共享的，但是农民却承担所有的成本，这显然与理性人的基本前提不符。我们不否认现实中生态良知、道德或责任感等因素将会促进个体产生不计经济成本收益的亲环境行为，但这一分析视角显然不是个体理性框架下的逻辑，事实上，在此过程中，生态良知、道德责任等因素是在处理"私人和社会"的关系，这种视角下的分析或许会因为没有对"私人和社会"与"经济和生态"的关系进行明晰的区分，进而倾向于将"私人和社会"的冲突混淆为"生态与经济"的对立，因此可能对现有问题和现象的解释力不足。

有鉴于此，本书引入生态经济理性视角，以个体生态需求或者偏好的增强为起点，将个体生态成本收益与社会成本收益剥离，从论证生态与经济如何统一个体理性框架并作用于农民生产行为出发，进而讨论农民绿色生产外部性问题导致的私人和社会冲突及相应的生态补偿问题，即在生态经济理性这一视角下，全面审视农民绿色生产行为并探究其激励机制。

第3章 理论分析框架

3.1 概念界定

3.1.1 生态经济

国际上关于生态经济的定义有很多，Costanza（1989）指出生态经济研究就是关注与探究全球范围内的生态环境恶化以及由此产生各种自然现象和自然灾害的根本缘由，并思考如何全面而科学地予以解决的学科。生态经济的内涵是严格遵循自然生态规律和法则安排与构建人类经济活动的各个环节，从最初的原材料获取到初级加工、深度加工、运输与贮藏，再到最终阶段的残留物质处理和利用都应本着最大限度利用自然物质并降低甚至完全不输出污染物质的经济运行机制（赵愈，2011）。从这个角度可以看出，生态经济发展就是要实现几个重要单元的统筹兼顾，也就是既要发展生产，又要保护自然资源和环境，还要保证社会发展需要，正因为这种多个单元相结合的特点，生态经济发展问题的讨论必须注重多学科多视角的分析阐述（唐卫东，2012；刘庆广，2007）。基于关注人的行为选择的视角，本书认为，传统经济模式下，在人的选择决策中起决定性作用的是经济利益，在生态经济模式下，优质生态品逐渐得到人们的重视，与经济利益决定着个体的行为选择。换言之，生态经济时代所强调的生态与经济的统筹兼顾源于个体自我生态利益内在需求的增强。

3.1.2 生态经济理性

经济学中"理性经济人"要求选择主体自己有着非常充足的信息资料和非常完美的数理分析力，只有这样才能够借此分析出自己的行为选择所带来的不同结果，并且从中找到最符合自身预期标准的选择（约翰·伊特韦尔，1996）。即使是经营规模小而分散的农户，也一样符合理性经济人的特征（舒尔茨，1987）。传统经济发展注重物质财富的创造，经济利益是最为理性经济人所偏好的，将会为其带来期望效用的最大化，生态经济发展的前提下，个人对于优质生态品的偏好逐渐增强，个体的效用最大化取决于经济利益和优质生态品，这就产生了两种含义：优质生态偏好的增强，生产者为了满足市场需要赚取经济利益，必须保证产品的绿色无污染；生产者自身为了个人享受到优质生态品，以实现个体效用的最大化。两方面要求的实现均需要农业从业人员采用绿色生产方式。因此，由于优质生态品偏好普遍增强，在生态经济的理性决策框架中，在实现自身效用最大化的目标驱使下，个体将会采用绿色生产和绿色消费等一系列与生态环境相协调的行为方式。因此，区别于传统经济模式下的理性，生态经济理性是指生态经济发展模式下的理性，但两者在本质上都是经济理性，是其在不同经济发展模式下不同的表现形式。

已有研究中，类似的提法还有"生态理性"（姚翼源和黄娟，2017）、"理性生态经济"（樊丽明和郭琪，2007），与之相关的研究也有很多。生态理性目标在于寻求与保障全体的生态资源和环境收益，当社会生产活动与生态环境保护发生冲突的时候，一个必须遵循的原则就是宁可牺牲社会生产方面的利益，也要保护生态资源和环境。这就表明，生态理性要求人们将全方位的生态自然系统的维护放在最为重要的位置，在必要的时刻，能够放弃自我利益来实现对大自然的维护与保障；进一步地，要求人们有着十分充足且与自然保护相关的信息资料和十分强烈的自然生态保护责任感（韩文辉等，2002）。除了强调这种自然生态系统保护的价值追求和责任感以外，生态理性还要求人们应该认识到，之所以树立这样的一个根本遵循，从本质上还是为了保护人类社会赖以存在发展的基础和载体，这也是千百年来不断受到大自然惩罚后所积累的经验和教训（魏海涛和邵长鹏，2005）。也就是说，生态理性具有明确的行为目标，即人们之所以重视生态系统保护，既是出于寻求经济社会发展保障的需要，也是出于对生态系统中的其他部分，如动物、植物等的责任感与良知（连洁，2015）。由此可见，上述概念及其论述由于未明确区分"私人和社会"与"生态与经济"两组概念的边界，因而对于生态与经济的关系，偏向于类比为利己与利他（这里的"他"可以是同一时期的他人、社会，也可以是子孙后代）的问题，与理性分析框架重视自我利益极大化的前提假设不一致。本书中的生态经济理性决策目标依然是自身效用最大化，这里效用由经济利益和优质生态品共同决定，但又是"私人"的，而不关注"社会"的问题。因此，本书的生态经济理性是指生态经济发展模式下的个体理性决策，其决策目标是实现自我生态利益和经济利益最大化。当然，生态利益和经济利益在决策中的相对强度是动态的，强度的大小取决于两者的相对稀缺程度，在经济条件较差甚至温饱都得不到保障的情况下，生态利益的强度必然是低之又低的，但随着经济发展和物质财富的不断丰富，而生态环境恶化又日趋严重，生态利益在个体行为决策中的权重系数则会不断提升。

为了进一步明确生态经济理性概念的内涵，本书给出了农民生态经济理性分析框架所需处理的"生态与经济"关系示意图（见图3-1）。在本书中，农民生态经济理性框架是权衡并协调个人的生态利益和经济利益关系的一架天平。天平左侧是个体生态利益，可以具体化为农民自己所要得到的绿色安全农产品、清洁的空气和水源、优美的环境等，这些在他们寻求与保护自我的生态利益与身体健康的过程中扮演着重要角色。天平右侧是农民个人的经济利益，即作为一项生产经营活动，农民在农业生产中要获取更多的利润。天平两侧都是农民生态经济理性决策框架中所要追求的目标，但是这两个方面的目标都仅仅是生态利益和经济利益的区别，不涉及农民追逐私人极大化利益和其他人乃至社会的正当利益维护之间的关系问题。

当然，个人利益与社会公共利益或者说是个人成本收益与社会成本收益之间的权衡也确实是农民绿色生产所涉及的问题（见图3-2），但是这一问题是由绿色生产活动或者高污染高消耗生产活动的外部性导致的。即农民通过农业绿色生产行为可以保护生态资源与环境免受污染，有利于保证社会公众对于清洁空气和水源、优美环境等的需求得到满足，又可以为社会公众提供绿色安全的农产品，

个人生态利益　　　　　　　　　　　　　　个人经济利益

图 3-1　农民生态经济理性分析框架所需处理的"生态与经济"关系示意图

此时，农民绿色生产所带来的诸多增益，将为社会公众所共享；同样地，如果农民选择不合理甚至污染性的农业生产方式，由此引发的空气、水源和环境污染及农产品食品安全隐患也将由社会共同承担。上述问题事实上是个体生态经济利益与社会生态经济利益的关系，也就是本书所说的"私人与社会"的关系。但是这种关系（见图 3-2）并不同于生态经济理性框架（见图 3-1），也就是说，本书的生态经济理性决策的目标依然是自我利益最大化，其行为选择由经济利益和优质生态品共同决定，但又是"私人"的，而不关注"社会"的问题。上述两种关系所涉及的成本收益细分问题，将在本章理论基础部分进行细致分析与讨论。

私人成本收益　　　　　　　　　　　　社会成本收益

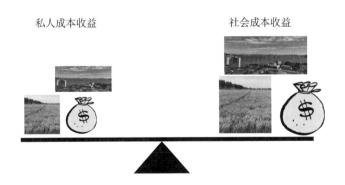

图 3-2　农民生态经济理性分析框架不关注的"私人与社会"关系问题示意图

3.1.3 农民绿色生产行为

参照联合国环境计划署给出的解释，绿色经济发展的目的是促进全体社会和人类幸福的提升，在这种经济运行模式中，要降低生态破坏和污染（UNEP，2011）。绿色生产就是在人们对于生态清洁无污染的经济增长模式的希冀中应运而生的，它要求所有产业的生产实践，包括第一产业、第二产业和第三产业在内的运行链条上，都应该保障或者尽可能地减少对于生态资源的浪费、减少非自然物品的使用量、减少有毒有害物质产生或者进行合理处置与利用（胡鞍钢和周绍杰，2014）。作为国民经济的基础产业，如何发展与实现农业的生态清洁无污染化自然是其中的应有之义，发展生态绿色清洁无污染的农业，关键在于推广普及符合这一要求的农田种植或畜牧养殖管理手段和方法等，这些种植和养殖手段方法可以在不减少种植者或养殖者产出效率和增收绩效的前提下，保证种植活动和养殖活动所赖以存在发展的资源环境基础不被破坏而永续利用，甚至更进一步地，不仅可以保证这些资源环境基础不被破坏，还能够对其进行更加高效合理的保护，让其在满足人们农业生产需要的同时，不断地提升质量，增强自身承载能力（谭秋成，2015）。在具体的分类方面，UNEP 认为生态绿色无污染农业生产方式与手段可以大致分为如下几类：一是重点关注耕地保护的技术手段，主要是充分利用生态系统自身的物质循环规律，通过农田耕作模式或者畜牧养殖模式的创新来实现；二是侧重在水土保持，主要是减少对于自然界资源形态如耕地的过度改造甚至破坏，减少人造物质如大剂量的化肥、农药的使用等，以尽量减少对于地下水体的污染与破坏；三是在种植业或畜牧业产后阶段，对于其产品获取、贮藏和运输以及工业化处理过程中，怎样减少不必要的产品腐坏和质量下降等。从这个角度来看，生态绿色清洁的农业生产也不意味着完全不使用各类人工投入品，而是考虑怎样尽量依照生态系统自身规律开展种植或养殖活动，这一点在现阶段的农业生产绿色化转型中尤为重要（UNEP，2011）。综合考虑畜牧业与种植业的差异以及数据可获得性，本书聚焦于从事种植业的农民绿色生产行为，也就是本书中的农民绿色生产行为专指从事种植业的农民在农业生产的各个环节中，为减少资源消耗和环境污染、确保农产品生态安全而采用的生产方式、技术或者手段。

3.2　理论基础

3.2.1　成本收益理论

按照经济学理论分析，争取正向的利润空间是个体决策中居于第一位的，也是最为关键的目标。换句话说，如果某个人愿意付出金钱、物品等，肯定是企图利用金钱或者物品的付出求取超出自己付出数量的回报。如果不是出于这样的企图，那么付出也就不构成经济学意义的成本概念，自然也就谈不上利润空间的获得。成本收益的比较是理性人决策的核心原则，在生态经济下，这种成本和收益应该具有更多的内涵，或者说生态成本与生态收益在个体理性决策中，其影响系数更高。这就需要重新细分成本收益的内容，从而有助于进一步解析农民绿色生产行为，并进一步理解生态经济理性决策框架与传统经济理性决策框架的区别与联系（见图 3-3）。

	经济成本	生态成本
私人成本	A	B
社会成本	C	D

	经济收益	生态收益
私人收益	a	b
社会收益	c	d

图 3-3　农民生态经济成本和收益构成示意图

图 3-4 给出了不同情形下农民生产行为决策会考虑到的成本收益集合构成比较，结合图 3-3，在传统经济理性决策情形下，生态成本和收益的边际影响效应极低（B 和 b 几乎被忽略不计），并不能影响生产者的决策，因为其目标在于追逐极大化的自身经济利益空间，农民将选择"破坏环境"行为，如秸秆焚烧弃置、高毒性农药等。当政府进行监督管理后，农民额外承担了社会成本（C+D），但得到的预期收益依然是个人的经济收益（a+b，但 b 几乎被忽略不计），在成

本增加而收益不变的情况下，依然会选择非绿色生产"破坏环境"。在生态经济理性决策模式中，私人的经济和生态成本/收益（A+B/a+b）共同影响着农民的行为选择，农民为了降低私人成本，提高私人收益，将会采用与生态环境相协调的农业绿色生产方式。但必须指出的是，由于"理性人"只关注私人成本与收益，生态经济理性只能说明农民具备主动采取绿色生产行为的可能性，"私人与社会"的冲突问题依然没有解决，因此矫正外部性是实现农民绿色生产不容忽视的重要问题①。

决策情形	成本约束集合	收益约束集合	决策结果
传统经济理性	A+B	a+b	非绿色生产
政府监管后	A+B+C+D	a+b	非绿色生产
生态经济理性	A+B	a+b	绿色生产

图3-4 不同决策情形中农民所考虑的成本收益约束集合

3.2.2 边际替代理论

边际替代率（Marginal Rate of Substitution，MRS）的含义是人们在保证幸福指数不降低的条件下，想要得到更多的某一商品所必须舍掉的另一种商品的单位量与该商品的单位量之间的比值。对于商品 X 和商品 Y（见图3-5），我们可以有两种选择方式，也就是选择 A 或者 B，两种选择的共同点是，这两个方案带来的总体幸福指数即效用是一样的，没有任何区别；不同的地方在于，两个方案中

---

① 本书中，私人生态成本/收益指代行为主体对生态环境所需付出的成本和可能获得的收益。即"生态成本/收益"与"经济成本/收益"相对应，强调的是人与自然的关系；私人成本/收益与社会成本/收益相对应，属于利己与利他的问题，探究的是人与他人、社会的关系。生态经济理性的农民依然不会考虑社会成本/收益，否则将偏离理性人的基本假定。这里所谓的生态成本/收益，并不是可以通过经济手段完全补偿或替代的。如因环境污染而生病（私人环境成本），呼吸新鲜空气而身心愉悦（私人环境收益）。对于环境污染带来的疾病，即使可以全额甚至超额补偿其医疗费用（如有些疾病通常会造成无法挽回的健康损失，留下终生后遗症），依然带来了个体的效用下降，或者说，经济收益可以补偿医疗成本，却无法补偿环境污染引致的健康与心理损失。从这个角度来看，农民承担农业绿色生产的额外开支，相当于负担了全部"社会成本"，而未得到相应的全部"社会收益"。

的商品 X 和商品 Y 数量不一样，方案 A 的商品 X 少于方案 B 的商品 X，但是方案 A 的商品 Y 多于方案 B 的商品 Y，此时，观察点 A 和观察点 B 所在的曲线可以知道，从观察点 A 到观察点 B，曲线的斜率变小，这样就意味着，如果想要获得同等数量的商品 X，那么所需要舍掉的商品 Y 越来越少，这是因为决策者对于商品 Y 的持有量越来越少，这使商品 Y 所能带来边际效用越来越高（高鸿业，2011）。

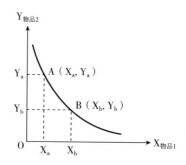

图 3-5 效用不变条件下两种商品边际替代率变化示意图

如果采用更为直白的表达方式，上述问题可以表述为，现实中，如果一个商品越是稀有而难以获得，人们越是舍得为了得到它而付出更高的代价。这为本书提出的生态利益偏好将逐步增强提供了有效的理论依据。生产力进步带来社会财富供应量的大幅度增加，人们在财富或物品数量层面的要求将不断被满足，另外，生态环境恶化让人们付出了沉重代价，日益凸显了生态绿色安全属性的重要与稀缺。在此情形下，必然会引发个体对于生态利益的追逐，并愿意为了获取和保障自我生态利益而支付更高的成本，并会在反复交易中，形成一个生态绿色属性的利益与经济利益追逐之间的均衡点。而在此时，个体生态利益和经济利益在人们的理性决策中一起发挥影响，也就是本书所提及的生态经济理性分析框架。

3.2.3 生产与消费辩证关系

生产和消费是辩证统一的关系。人们能够享用、使用或者食用的所有物品、设备和食物都是通过生产者的劳动创造出来的。从时间上的先行后续来看，生产环节在前，而后才有消费；而从两者的关系来看，通俗地来说，并不是人们想要什么就有什么，实践中，人们只能够在已经生产出来的产出品中进行选择，人们能够得到什么样的物品，得到多少数量的物品，都是取决于人们能生产什么样的物品，生产的数量。一个不能否认的事实是，人们的消费选择也会影响到社会生产。这是因为社会生产所创造的所有物品、装备或者食物都是供人们使用或者食用的，这是其目的和意义所在，也只有这样，生产供给方才能够在产品的需求方那里获得成本补偿与积累维持和扩大生产供应能力的资本。所以，虽然时间上是先有产出，后有消费，但是由于生产和消费是一个循环往复的过程，上一个循环中人们对于物品或者食物所表现出来的偏好或者需求，都会引起下一循环中生产供应方的调整与适应。

基于这一理论，有以下几点推论：一是在农业绿色发展中，农业绿色生产居于决定的地位，决定着整个农业绿色发展的未来，包括绿色农业发展的水平、结构和质量等；二是人们对于生态绿色农业产品供给的期望和优美清洁生活环境的要求会影响农业生产者的行为，这种消费偏好的转型必然会倒逼农业生产的绿色化转型，而作用于个体行为上，农业生产者为实现自身产品价值的顺利实现，必须适应消费市场的转型，开展农业绿色生产；三是农民既是农业产出品的供给方，也是农业产出品的需求方，在农业绿色生产中发挥着十分特殊和关键的功能，同时受到自身和其他购买人双重的绿色生态农业产出品消费偏好影响，具备开展绿色农业生产的行动目的与潜在需求。

3.2.4 绿色经济理论

绿色经济学是在对传统经济学反思与批判的基础上，整合相关绿色理论资源、适应绿色经济实践而发展起来的经济学理论体系（杨茂林，2012）。绿色经济学是融合了环境经济学、生态经济学、资源经济学、公害经济学、人口经济学、能源经济学等理论方法，旨在引导人类科学发展并推动自然环境不断改善的学科。绿色经济学关注到了资源环境问题的外部性特征，这种外部性特征不仅体现在同一时期的个体之间，也体现在不同时期的代际之间。因此，不同于以往的经济人假设，即个体具备完备的信息和完美的计算能力且追逐自我利益最大化，绿色经济学假设个体除了追逐最大化的自我经济利益，还会对生存与发展的品质有所需求，也就是在受到资源环境恶化所带来的恶劣后果冲击后，开始重视资源环境问题，并且从一个较为长远的角度考虑问题，尊重生态规律，努力实现人与自然的和谐（杨茂林，2012；张连国，2013）。绿色经济中关于个体的假设也为本书探究与分析提供了有力的理论基础。一是以往的经济人假设并不完全符合实际，绿色经济学明确了人在经济利益追逐之外，还有着对于生态环境利益的考量和需求；二是外部性是研究生态环境问题无法回避的一点，也是相关研究中的重要关注点；三是即使出于自我发展的需求，在资源环境恶化的后果不断显现后，人类是可以从生态自然保护出发来考虑问题的，换言之，在某些时刻，生态资源环境保护可能在人们的决策中占有最为重要的地位。

3.2.5 外部性理论

Externality，翻译为外部性，是经济学研究中的一个名词，但是对于这个名词，还没有一个非常精准统一的内涵界定，通俗地讲，可以将它理解为一个人的行为会让其他人乃至全体社会付出代价或者享受到好处，也就是他的行为像水流出来一样，所以外文中又称它为 Spillover Effect，翻译过来就是溢出效应（高鸿业，2011；徐桂华和杨定华，2004）。这种溢出效应可以分为两种情形：一种是积极的正面效应，例如一个人种植了大量的树木，无论他是出于什么目的，这些树木的存在都会起到水土保持、固碳增氧、防风固沙的作用，各种动物也会以树木为载体在附近生息繁衍，住在附近的其他居民就都会享受到这些树木给他们带来的上述好处，而且这个人没有办法限制其他居民享有这一福利，在某种意义上，其他居民也无法避免享受这一福利；另一种是消极的负面效应，例如2019年末到2020年初的澳大利亚山火，导致大面积森林植被被烧毁，数以万计的野生动物死亡，由此导致的连锁反应是，大量的二氧化碳等温室气体将会给全球气候和生态系统带来巨大冲击并可能会引致一系列的自然灾害，而这种危害并不是全球其他地区可以幸免的，从这个意义来看，澳大利亚山火让其他国家也一起为之付出了代价。面对外部性问题，市场自身调节是失灵的，若依靠完全自由的市场经济去解决，其效率是低下的，因而需要政府干预，使外部成本内部化或者进行各主体间的收益调节与分配。

农民的生产行为同样存在着外部性。不合理的农业生产行为将会带来资源浪费与生态环境破坏，进而威胁人们的健康，产生负的外部性；而绿色环保的生产行为则会有利于环境保护与资源节约，且向社会提供安全的绿色农产品，具有极强的正外部性。这种外部性的存在导致农民绿色生产的成本分摊或收益分配的市场调节机制是失灵的，此时，构建有效的农民绿色生产生态补偿机制的必要性不言而喻，这也是本书所关注的如何实现个体生态经济利益追求和社会生态经济利益保障之间的统筹不可回避的问题之一。

3.3　理论分析

尽管有大量文献探讨了诸如经济理性、生态理性抑或理性生态经济等问题，但未对"私人和社会"与"经济和生态"的关系进行明晰的区分，进而倾向于将"私人和社会"的冲突混淆为"生态与经济"的对立，因而对现有问题和现象的解释力不足。事实上，生态经济时代所强调的生态与经济的统筹兼顾源自个体的内在需求，即在生态经济发展模式下，优质生态品同样决定着个体效用是否实现最大化。本书将基于成本收益分析，尝试廓清生态与经济如何统一于个体的理性决策，从而对以往的研究进行有益的补充，进而为揭示政府现有农业污染防控政策效力不足，绿色农业生产转型缓慢的内在经济学原理，并矫正由此而带来的具体措施路径偏差提供借鉴。

3.3.1　农民绿色生产的生态经济理性何以可能

理论上来说，农业生产与生态资源环境是完全可以协调发展的，农民的生产行为是天然符合生态经济理性的，即从生态文明视阈来审视农民的生产也是"性本善"的。早在先秦时期，我国就孕育了朴素的天人合一思想（陈多闻，2017），春秋时期，老子在《道德经·第二十五章》所提及的"人法地，地法天，天法道，道法自然"即表达了人与自然统一的观点。战国时期，庄子提出了"天人合一"的观点，认为人和宇宙万物是共生的，有着内在的一致性。孟子直接明确强调了农业生产活动应该遵循自然生态规律，提出如果不用太细的网来捕鱼，那样就有吃不完的鱼；按照时令砍伐树木，这样就会有用不完的树木资源。这种思想强调顺应自然规律、合理利用自然资源，与今天的生态经济发展需求具有内在的一致性（王宏昌，1992）。

根据马克思主义理论，人类与大自然的关系是相互依存的，人类之于生态系统就像毛和皮的关系，如果皮没有了，毛也失去了存在的基础（王干和刘鹏，2017）。根据这一基本的事实判断，马克思主义对于人和生态自然之间的关系有如下几个方面的核心观点：第一，在人类与大自然之间，人类并不是整个自然生态系统的主宰，恰恰相反，人类仅仅是整个生态系统乃至宇宙之中微不足道的组分，这是认识人与自然关系时十分重要的角色定位。第二，鉴于人类仅仅是自然生态系统这个整体中微不足道的一个组分，人类的各类活动不能够随心所欲，只能严格遵循自然规律和生态系统运行机制开展，如果人类自认为具有了发达的科学技术和手段而藐视自然法则，那么最后一定会被大自然惩罚。恩格斯（1963）曾在《自然辩证法》中通过细数人类发展历程中因为没有充分遵循生态规律，甚至自以为是，穷奢极欲，最终因自然灾害和资源枯竭而自我毁灭的案例，论述了人类活动必须与大自然内在规律相一致的道理。

从经济学角度来看，采取与生态资源环境相协调的绿色生产行为依然是农民在生态经济发展背景下的最优策略，即理性决策。结合 Maslow 和 Green（1943）的观点，当人们实现了低水平的生理欲望，例如温暖和充饥之后，会逐步产生更高层次的欲望，包括优美的环境、清洁的空气水源等健康保障。这对农民的生产活动提出了两个方面的要求（见图 3-6）：一是农产品要绿色无污染，二是农业生产不污染环境（其他产业也是如此），以免间接威胁到人的健康。可以理解为，农民生产行为将产生两种产品：农产品和环境产品，农产品有绿色和非绿色之分，环境产品分为污染环境和保护环境，在生态经济发展的时代，绿色化、清洁化、无污染的农业就是要求农业产出绝对绿色安全无污染，同时在这个过程中，不存在对于自然生态的破坏。生态安全和健康保障对于人的边际效用日益提高，人们更加渴望拥有绿色安全生态的农业产出供给，非绿色农产品逐渐被市场驱逐，此时，为适应市场需求，农民必须采用绿色生产方式以保证农产品满足市场要求，顺利实现其农产品价值，赚取收益。另外，农民自己也是农业产出品和自然环境的消费者，其自身同样希望可以食用绿色化生态化绝对安全的食物并且享受优美清洁的自然环境，当其需求不断增强时，生态环境改善对农民而言其边际效用也日益增大，绿色生产也就成了农民的主动选择。党的十九大报告中关于当前我国主要矛盾的论断，即人民日益增长的美好生活需要和不平衡不充分的发展之间的矛盾，也在一定程度上反映了这一问题。

图 3-6　生态经济发展要求下农民绿色生产的驱动力及其作用路径

因此，农民绿色生产的动力依然来自其个体效用最大化，亦即经济理性，但这种经济理性是适应了生态经济发展需求的一种经济理性，一方面是作为生产者出于适应购买者的偏好从而顺利或者更好地赚取货币收益的目的，另一方面是作为消费者出于实现自己对于绿色化清洁化生态化的农业产品和优美环境希冀的目的。

这种绿色生产行为具有正外部性，但这并不是农户的本意，而是其在追求自身经济利益和生态利益时的副产品。但客观上，这种行为选择使他人避免了为环境污染所扰，提升了社会的整体福利。这与亚当·斯密的观点是相符的，也就是在社会中各个行业的从业者进行着劳作并为大家提供所需要的商品，并不是因为这些人多么伟大无私，从根本上都是为了实现自己的利益获取。

3.3.2　农民绿色生产的生态经济理性何以实现

农民绿色生产中的生态经济理性如何能够发挥作用？生态经济理性发挥作用的关键在于生态安全和健康保障对农民的边际效用是否可以高到足以影响其决策的水平，这一边际效用增加的根本原因在于人的偏好的转变，即更加偏好生态和健康。与食物等基本消费品相比，生态健康显然属于奢侈品，在生态经济发展的背景下，这一奢侈品将逐步变为必需品，其偏好的增强主要取决于收入水平的增加。这主要是基于消费者视角讨论生态健康需求的产生，而生态健康的实现还需要生产者的供给，对于农业而言，这个生产者是农民。完全理性决策需要完备的信息、无懈可击的认知能力和确定的外部环境（何大安，2004），农民生态经济理性决策亦是如此。生态经济理性作用的发挥亦是如此，农民对生态健康的偏好程度，是否了解生态经济发展要求的生产方式、是否具备相应的认知和操作能力、外部环境是否适宜等，将直接决定着生态经济理性在何种程度上影响着农民的生产决策。然而，我们无法观测到生态经济理性在农民生产决策中发挥作用的程度，但可以观察到农业生产中农民生态经济理性的实现程度，即在一定的生产力水平和制度安排下，农民表现出来的思想观念和行为选择在何种程度上接近生态经济理性的决策结果或符合生态经济人的收益最大化诉求。

由此可见，从生态经济理性视角来看，促进农民绿色生产的前提是如何激发农民对于生态健康的内在需求，进而是社会生产力发展（绿色化生态化的清洁农业生产方式与手段）、制度安排（信息的充分传递）和农民个体素质（认知能力和操作能力、收入与消费能力等）的提升，这主要是基于生态视角，考虑如何激发农民对于生态健康的有效需求（"生态与经济"的统一）；另外，前文已经分析，由于在生产力水平和农民富裕度短期内提升有限的现阶段，而生态补偿为核心的环境收益分配机制又不完善，农民采取绿色生产的成本过高而预期收益不足，因此探究有效的生态补偿机制，在享受正外部性的受益群体和保护环境的农民之间进行利益协调是十分必要的，这主要是基于经济理性视角，考虑如何在绿色经济发展时代和当前阶段保证农民寻求经济利益极大化目标的实现（"私人与社会"的协调）。

绿色农业生产方式如农业废弃物循环利用，是充分体现着朴素自然观（物质循环）与现代生态文明观（人与自然和谐相处）的生产方式，但是实际中为何推广较难，关键在于当前农民的生产行为决策中生态经济理性的作用并未得到充分的激发与实现。现阶段采用传统经济理性的静态观点衡量农民，忽略了农民生产行为决策中生态经济理性发挥作用的可能，也忽视了即使在以自利为目标的决策框架下，农民也同样具有主动的、内在的选择绿色生态生产方式的需求与可能，进而导致在具体的政策执行中存在偏差，且政策成本巨大而收效不大，甚至矛盾加剧。

在农业生产中，生态经济理性是农民天然所具备的，只是在内外部条件不适宜的情况下，其实现程度较低。无论是传统经济理性还是生态经济理性，都需要一定的条件，当这些条件无法满足时，就存在着一个实现程度的问题。从促进绿色化生态化清洁化农业生产发展的角度来看，提升与激发农民的生态经济理性实现程度是很有必要的，也是生态文明阶段的现实需要，传统经济发展侧重在物质财富的创造，生态经济发展强调生产发展和自然保护的统筹兼顾，因而两种经济理性决策具有内在一致性，是在不同经济发展要求下的不同表现。由此，从生态经济理性分析框架探究现阶段农业生产者绿色生产方式可以帮助我们在如下两个方面得到更好的答案：一是基于生态经济理性视角的成本投入和利益获取权衡分析，论证实践中农民"顶风作案"而政策约束效力不足的尴尬局面并不能说明农民和农业生产与资源环境保护不可协调，阐明即使按照个人收益最大化的理性分析，生态环境保护与农业生产同样存在着协调发展的现实基础；二是基于生态经济理性视角的分析有助于寻求推动农民自发主动地采取绿色生产行动，使其行为更加贴近生态经济发展要求的理性决策结果，从而找到推动农业生产绿色化转型的有效途径。

3.3.3 农业生产中农民生态经济理性强化的诱致因素

3.3.3.1 农民生产中的生态经济理性强化的根本推动因素在于生产力变革和进步

生态经济理性是与生态文明时代相适应的一种理性决策框架，是一种伴随生产力变革和进步而出现的经济发展模式下的价值取向。人类社会从最早的采集狩猎到刀耕火种，再到精耕细作的农业时代，再到机器轰鸣的工业经济时代，每一次经济发展形态的转变无不伴随生产力的突破性进步。因此，生态经济发展的根本动力在于生产力，这是因为只有生产更多数量的符合社会需要的产出品，才能让人们逐渐摆脱饥饿、寒冷，获取生存和发展最为基础的条件，紧接着人们的追求会有两个变化方向，一是强调物质或产品的质量与安全，关心着自己食用或者使用的产品是否生态健康；二是更加丰富多样的物质需求，而不是仅仅着眼于单一功能或标准的物质方面的需要。这两种诉求方向的变化，会引导个体对于农业生产具有两个方面的潜在需求与要求，一是希望农业可以提供生态安全的绿色农产品，保证个体饮食及身体健康；二是农业生产不宜污染环境，以保证空气、水以及土地等资源不被污染，使个体可以享受优美清洁的生态环境。生态利益进入个体理性决策的框架中，生态经济理性也就逐步显现。事实上，对于上述两种需求，农民身兼生产者与消费者的双重决策身份，同样具有这样的需求。由此，包括农民在内的社会群体，都会产生农业绿色生产的潜在需求和动力。由此可见，生产力的进步是农业生产中农民生态经济理性强化或显现的内在根本动因。

3.3.3.2　资源环境约束趋紧是农民生态经济理性强化的外部诱因

生态利益，例如生态安全的产品、清洁的水源、空气和生态环境等，有一个重要特点是，当它普遍存在时，并不会得到重视。如空气一般，没有价格，也无须成本即可获得。这个时候，生态化绿色化安全化产品与环境需求很难干预或者冲击人们的理性决策框架。如果某个因素在个体理性决策中被赋予了较高的权重或价值，那么一定是该因素较为稀缺[①]。生态经济理性逐步成为个体理性决策的主流模式，其原因在于现实中生态环境的日益恶化、食品安全及重度污染事件的频发。具体到农业方面，近年来，由于化肥农药的过度或者不当使用、农业废弃物的不合理处置等，人们面临着较为严重的空气质量下降、水体污染和耕地污染[②]，"甲拌磷山药""甲拌磷香菜""镉大米"等类似事件频频发生，公众生态利益受到严重威胁，因而生态利益在人们决策框架中的权重日益提升，逐步成为个体理性决策的重要因素。因此，生态经济理性强化及对其展开研究的必要性不断提升，其中，生态环境恶化等问题是重要的诱致因素。

3.3.4　农业生产中生态经济理性强化的现实证据

上述对于生态经济理性的阐述与论证主要以理论分析和逻辑推演为主，而事实上，农业生产中农民生态经济理性正在主动或被动地日益强化，表现在生产与消费的诸多方面。其中突出的表现有两种，具体如下：

第一，绿色化农业产出品走俏表明大众生态偏好增强。现实生活中，一个重要的表现是生态绿色安全的农业产出品日益受到人们青睐。优质农产品在市场上

---

① 这也是前文理论基础部分的边际替代率所要论证的问题，即优质生态品成为稀缺品后，个体为得到它愿意付出更多经济成本。

② 这里需要指出的是，农业面源污染不是当前环境污染的唯一源头，由于本书主要聚焦在农业绿色生产问题上，故未对工业等污染作细致的分析。

持续走俏，生态环保、品质优良、味道独特的一大批农产品受到消费者青睐，不少生态绿色农产品价格高了却不愁卖。玉林百香果年销售额超5亿元，每年超1700万件快递发往全国各地，成了名副其实的"网红果"；在河北，跑100万步以上的"京东跑步鸡"，每斤售价六七十元，成为热卖品；在重庆，荣昌猪撬动250亿元大产业；江苏盱眙龙虾香米、小龙虾受热捧①。随便进入各类超市、购物中心，或者浏览主要的购物网站，均可以看到诸多绿色农产品在销售，这些农产品往往会被以更高的价格卖出，但实际的销量却并不低。而且，"生态""绿色""无污染"也成为了各大商家为宣传、促销和竞争所祭出的重要法宝。现实中，高企的销售额也足以说明广大消费群体逐步表现出对于生态绿色无污染农产品的极强偏好，尽管它们的价格明显高于普通农产品。这表明，在购物消费这样一个个体理性决策行为中，生态利益的权重正在逐步强化，进一步地，一个有利于农业绿色生产的市场正在日益形成。

第二，"一家两制"种植模式展现私人生态利益追求。近年来，一个有趣的农业生产现象受到学者及公众的热议，即"一家两制"。"一家两制"是指农民在种植农产品过程中，区别对待。其中，供自己食用的地块采用无毒无污染的种植方式，尽管这种方式可能使得产量有所降低，但却为自己提供了优质的生态绿色农产品；然而，对用于销售的地块，则不惜一切代价，施用诸多农药、化肥，甚至是一些不被允许的药物，以保证农产品的产量和品相。曾有媒体曝光，山东潍坊部分地区农民用带有剧毒的"神农丹"种生姜，而这些产品并不会供自家食用，仅用作销售。其实这种农产品种植和供给的"一家两制"现象并非个例，而是有愈演愈烈的趋势，广泛存在于农产品生产加工的各个环节（郑风田，2014）。

这一现象暴露了如下几个方面的问题：一是身兼生产者与消费者双重角色的农民已逐步具有较强的生态利益偏好，重视自己食用的农产品是否生态安全；二是尽管绿色农产品受到人们的青睐，但是现实中，由于市场机制不健全，并不能保障所有农民的绿色农产品获取相应的价格，或者说农民选择低产量的绿色生产

---

① 生态绿色农产品案例整理自人民网报道（http://www.rmzxb.com.cn/c/2019-12-12/2484414.shtml? n2m=1）。

方式并不如高产量的"非绿色农产品"收益高，因而采用"一家两制"。事实上，这一现象集中体现了农民生产中的生态经济理性决策框架的两个特点：一是十分注重生态利益的维护和实现，尽管这可能降低农作物产量，牺牲经济利益；二是将自我的利益放在首位，"一家两制"使农民在现行状况下，既保障了自我生态利益的实现（自己食用无污染农产品），又减少了对于自我经济利益的影响（面向市场依然销售高产量的"非绿色农产品"）。

第4章 农民绿色生产中的生态经济理性实现程度评估

在第3章中，本书基于以往的研究基础和相关理论，结合实践中的现实状况，提出了"生态经济理性"的概念，基于本书对于生态经济理性的定义，同时考虑到一个客观现实，即我们无法观测到个体的生态经济理性程度，而理性本身也是不可度量的，因此我们提出生态经济理性实现程度，即农民个体在农业生产中表现出的观念、知识和行为方面，在多大程度上贴近生态经济理性的要求，通过相对值的比较刻画农民在生态经济理性方面的差异。本章的研究目的和研究内容即是要通过选取合适的统计方法与构建合理的指标体系，借助一手调研数据，评估农民绿色生产中的生态经济理性实现程度，并比较不同农民之间的差异，为下文的研究奠定基础。

4.1 指标设计

理性本身不可被度量，或者说是难以进行量化分析的。何大安（2004）曾提及理性的实现程度问题，他认为现有的绝大多数研究中，理性概念的意义只是被当成展开讨论的预设条件，这确实是一个很常见且理所应当的做法，但若想进行更深一步的探究，则有必要区分个体之间的程度问题，也就是通过学术机理层面的阐述，探索个体理性的实现程度，若能够如此，则会使学理层面的分析与实践情形更加贴合。同样地，生态经济理性也是如此。我们无法获得农民的生态经济理性程度，但是依然可以构建一个可观测的变量，借以刻画农民在生态经理性方面的程度差异，从而搭建出不可观测的生态经济理性和可观测的数据之间的桥梁，即生态经济理性实现程度，在一定的生产力水平和制度安排下，农民表现出来的思想观念和行为选择在何种程度上接近生态经济理性的决策结果或符合生态经济理性人的收益最大化诉求。本书聚焦农民绿色生产行为，相应地，本书中的生态经济理性是指农民在农业生产中的思想观念及行为等方面的表现或效果与生态经济理性最优决策结果的贴近程度。因为我们无法观测到生态经济理性在农民生产决策中发挥作用的程度，但可以观察到在农民生产中的生态经济理性实现程度，这一变量的观测与评估的意义在于个体间相对差异的比较，而不在于绝对水平的高低。

4.1.1　指标设定原则

基于本书对于生态经济理性的定义，同时考虑到一个客观现实，即我们无法观测到农民在农业生产中的生态经济理性程度值，而是只能通过对个体的价值观念、知识认知和行为态度进行观测和量化，从而间接观测个体的生态经济理性实现程度，即农民生产行为可以在多大程度上实现生态与经济的兼顾。基于本书的分析，生态经济理性实现程度的指标设定应遵从以下原则：

第一，生态经济理性概念的核心是生态与经济的协调，即两个方面利益的兼得，但必须注意的是，这里的生态利益与经济利益的协调，既不强调利他层面的环境保护，也不强调追逐个人利益的道德评判。

第二，经济利益层面指标要同时考虑生产和消费环节，生态利益层面需要将生态、资源与环境三个方面体现到指标描述中，在此基础上，还应使受访者可以准确领会问项重点并做出合适的回答。

第三，在生态经济理性实现程度的指标设计中，各维度深层次指标必须与浅层次指标具有区分度，深层次指标强调长远的、全局的和深度的生态利益与经济收益的融合，浅层次指标应注重考察人们当前的、局部的和具体的生态环境需求与经济收益兼顾。

4.1.2 指标设定说明

在评估农民绿色生产中的生态经济理性实现程度之前，一个不可回避的问题就是探寻合理的生态经济理性指标体系。相关研究中的一些概念界定或分析或许有助于本书的指标构建。连洁（2015）在探究理性生态人塑造问题时曾经指出，理性生态人的基本内涵包括生态良知、生态意识和生态技术，在三者之中，生态良知是指人们不仅会对现实中的他人具有爱的关怀与道德责任，也会把这种道德责任感与人文关怀放大到对于自然万物，如花草树木、虫鱼鸟兽等动植物身上；生态意识则是重在表达人们在不断的发展中逐渐意识到生态自然对于人类社会的重要意义，为人类社会进步发展提供重要的物质保障，人类社会依存于大自然的存在发展；而对于生态技术，它的含义在于人类为在生产和生活中减少或降低对于生态的破坏而应用的各类技术，例如减少污染排放的技术、充分利用自然生态规律的环保技术等。具体到农民生态经济理性概念，王桂娟（2011）指出，农民生态理性就是农民具备了寻求生态保护的观念和知识之后，在不影响或者降低农业生产效率的条件下，主动进行的内生驱动的生态友好型的、可以保护资源环境的农业生产方式。承接上述问题，在关于生态农民培育研究中，霍生平（2011）对生态农民综合素质的内涵与指标构建进行了较为全面和系统的研究，他将生态农民素质划分为三个方面，具体包括知识、意识和行为，在此基础上，区分了三个维度方面素质的深层次与浅层次指标，是为数不多进行农民生态理性相关的定量研究之一，这与本书所要研究的生态经济理性实现程度很是接近。实现程度的概念出现在有限理性相关文献中，其作者基于大量的文献梳理和严谨的理论分析之后，通过模型构建，在认知、环境和信息三个维度评判了有限理性实现程度的个体差异（何大安，2004）。

综合来看，尽管相关研究的一些概念与本书的生态经济理性存在着差异，但对于量化评估方面的指标选取，都存在着如下共识：一是都尝试或已经进行了"理性"或"素质"的定量研究，这至少表明，尽管理性本身不可测度，但是量化分析以考察个体差异是有必要的，也是可以接受的；二是具体的指标设定时，尽管相关措辞或者具体阐述存在着侧重点的差异，但均围绕着三个关键词，即观念或意识、知识或信息和行为或技术。这为本书的生态经济理性实现程度指标设定提供了一个有益的参考。借鉴相关研究（霍生平，2011），本书从三个方面构建农民生态经济理性实现程度的评估指标体系，具体包含观念、知识和行为三方面。图4-1为基于农业绿色生产的农民生态经济理性实现程度指标构建的示意图。

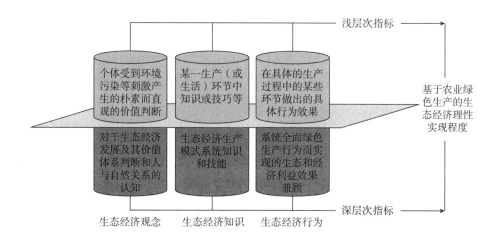

图4-1　基于农业绿色生产的农民生态经济理性实现程度指标构建示意图

4.1.2.1　生态经济观念

生态经济观念是指个体在生态经济发展中的价值感知和思想观念，可以分为浅层次生态经济观念和深层次生态经济观念，浅层次生态经济观念主要表现为个体受外在刺激和冲击产生的一种较为朴素而直观的价值判断，具体到生态经济问题，表现为当下生态污染频发威胁人类健康、绿色环保消费品逐步为人们所青睐，以及资源利用不当不仅造成生态破坏，而且本质上是一种浪费；深层次生态经济观念则主要表现为个体在浅层次生态经济观念的基础上，逐步形成的对于未来经济社会和价值体系发展趋势的判断和对于人与自然关系的认知，具体而言又可以分解为人们如何认识和权衡环境保护与自我获利、生态资源利用与美好生活创造、纯货币收益和生态需求满足（即人与自然关系）等。

4.1.2.2　生态经济知识

生态经济知识是在生态经济发展过程中，个体主动或被动了解、掌握或精通的关于生态经济发展所需要的知识，其中浅层次生态经济知识主要是指具体某一生产（或生活）环节中的具体的知识点或技巧等，例如如何在生产过程中适量使用化肥和农药等农资、如何处理废弃物以及减少污染浪费等；深层次生态经济知识主要是指在农业生产中的关于如何实现生态经济下的理想生产模式或应用相关技术系统全面的知识和技能，主要包括对于绿色农产品及其生产技术的了解、操作应用和生态经济下的农业发展了解等。

4.1.2.3　生态经济行为

生态经济行为是个体为适应生态经济发展需求而主动或被动做出行为调整与适应后所达到的行为结果或效果，其中浅层次生态经济行为是在具体生产过程中的某些环节做出的某些具体行为方式，包括出于节本增效目的而进行的科学适量施用化肥、农药等农资，农业废弃物合理利用，减少环境污染等；深层次生态经济行为是指系统全面地采用或进行生态绿色的生产行为，并以追求生态利益和经济利益兼顾为目的，例如生产绿色农产品并可以实现优质优价、应用绿色生产技术确保生产过程符合绿色无污染要求并最终通过适应生态经济发展要求而增收致富等[①]。具体的指标设定与赋值说明如表 4-1 所示。

表 4-1　农民绿色生产中生态经济理性实现程度的指标设定与赋值说明

维度	一级指标	二级指标	指标描述与赋值
生态经济观念	浅层次生态经济观念	G1	近年来环境污染严重，会危及我们的身体健康：完全不同意＝1；不太同意＝2；一般＝3；比较同意＝4；完全同意＝5
		G2	绿色环保的消费品日益受到人们的青睐：完全不同意＝1；不太同意＝2；一般＝3；比较同意＝4；完全同意＝5
		G3	资源（包括农业废弃物）浪费或处理不当是一种损失：完全不同意＝1；不太同意＝2；一般＝3；比较同意＝4；完全同意＝5

---

① 关于此处生态经济理性实现程度指标中的生态经济行为维度，需要说明的是，一般来说，行为的度量多为 0-1 二分变量，即只存在是和否两种情形，但是具体到本书，生态经济行为维度主要是衡量农民的行为在多大程度上接近生态经济理性的行为目标，即其相应的具体行为标准和效果，采用五分量表法区分农民的行为是否规范、效果是否理想方面的差异更为精准。也就是说，这里的指标所测度的个体差异并不是强调行为的有无，而是这一"行为效果"，例如指标 X_1：在农业生产中我适量投入化肥、农药等农资，节约成本，这里重在受访者对于自己平时能够通过合理规划化肥、农药等农资使用量所实现的农业生产中的成本节约效果。

续表

维度	一级指标	二级指标	指标描述与赋值
生态经济观念	深层次生态经济观念	G4	保护环境、绿色生产符合经济社会需要，我会从中获利：完全不同意=1；不太同意=2；一般=3；比较同意=4；完全同意=5
		G5	节约并充分利用资源是创造幸福生活的重要方式：完全不同意=1；不太同意=2；一般=3；比较同意=4；完全同意=5
		G6	人是自然的一部分，经济利益和生态利益完全可以统一：完全不同意=1；不太同意=2；一般=3；比较同意=4；完全同意=5
生态经济知识	浅层次生态经济知识	Z1	我懂得如何适量使用化肥、农药等农资：完全不同意=1；不太同意=2；一般=3；比较同意=4；完全同意=5
		Z2	我懂得将农业废弃物等进行合理利用：完全不同意=1；不太同意=2；一般=3；比较同意=4；完全同意=5
		Z3	我懂得如何在生产中减少污染浪费：完全不同意=1；不太同意=2；一般=3；比较同意=4；完全同意=5
	深层次生态经济知识	Z4	我对绿色生态农产品及其生产技术非常了解：完全不同意=1；不太同意=2；一般=3；比较同意=4；完全同意=5
		Z5	我很好地掌握了绿色生态型的生产生活技术知识及操作：完全不同意=1；不太同意=2；一般=3；比较同意=4；完全同意=5
		Z6	我非常了解生态经济下的农业发展要求与趋势：完全不同意=1；不太同意=2；一般=3；比较同意=4；完全同意=5
生态经济行为	浅层次生态经济行为	X1	在农业生产中我适量投入化肥、农药等农资，节约成本：完全不同意=1；不太同意=2；一般=3；比较同意=4；完全同意=5
		X2	我合理处置并利用农业废弃物，以节本增效：完全不同意=1；不太同意=2；一般=3；比较同意=4；完全同意=5
		X3	在农业生产中我尽量减少对生态环境的污染等：完全不同意=1；不太同意=2；一般=3；比较同意=4；完全同意=5
	深层次生态经济行为	X4	我生产（种植或养殖）绿色农产品，并能做到优质优价：完全不同意=1；不太同意=2；一般=3；比较同意=4；完全同意=5
		X5	在种植/养殖中我全面深度地应用绿色技术，做到生态安全无污染：完全不同意=1；不太同意=2；一般=3；比较同意=4；完全同意=5
		X6	我通过绿色生产及绿色农产品增收致富：完全不同意=1；不太同意=2；一般=3；比较同意=4；完全同意=5

注：根据农民对各指标说法的同意度赋值。

4.2 数据与方法

4.2.1 数据获取与样本特征

4.2.1.1 数据获取

2018 年暑期，课题组在湖北的恩施土家族苗族自治州、荆州市和荆门市以及黄石市四地开展了与本书相关的农民生产生活入户调查。具体到调研设计与开展方面，为保证问卷质量，问卷设计经过了课题组及相关领域专家的反复研讨和修改，同时，在正式问卷调查之前，选取了附近一些农村进行试调查，并根据试调查反馈的情况对问卷内容进行了讨论和修改。正式调研中，所有调研人员在前期均接受了包括问卷内容和调研技巧方面的相关培训。调研按照随机抽样原则、采取入户进行面对面访谈的形式展开。在确定调研省份后，根据自然条件和经济社会情况将湖北省划分为鄂西地区、鄂中地区和鄂东地区，进而选取地级市（州），在此基础上，每个市随机抽取 3 个县（黄石只有阳新和大冶两个县或县级市，其他为农业并不典型的市辖区），进而在其中随机抽取样本乡镇和样本村，平均每个县 2 个乡镇。调研员 2 人一组，入村进行随机入户调查。为保证随机抽样原则不被人为组织因素干扰，调研组通过以调研证与学生证等证明自己身份与来意的方式对村民进行采访，有时候会因各种原因遇到村民不在家或拒绝接受采访的情况（这事实上也是随机选择的结果，即入村后，调研员遇到什么类型的农民，包括是否在家、是否接受访问均在一个随机状态下），因而最后各样本乡镇的样本村数量分布并不平均。样本分布于湖北省的 4 市（州）11 县（市、区），共计调查了 838 户农户家庭，调研结束后，剔除关键信息缺失、回答有明显错误等无法使用的问卷，符合本书需要的种植户调查问卷 768 份，问卷有效率91.65%。其中，恩施土家族苗族自治州 140 份、荆州市 226 份、荆门市 211 份、黄石市 191 份。具体样本分布如表 4-2 所示。

表 4-2 样本农民的地区分布   单位：份

省份	市/州	县（市、区）	乡（镇）和村	样本数
湖北	恩施土家族苗族自治州	宣恩县、建始县、咸丰县	椒园镇水井坳村、荆竹坪村、凉风村；万寨乡伍家台村、板场村；高坪镇陈家湾村、八角村；业州镇四方井村、牛角水村；衷堡镇板桥村、黄木垞村	140
	荆州	洪湖市、监利县、江陵县	老湾回族乡珂里村、和平村、北河村、丰垱村、老湾村；螺山镇中原村、牛元村、新联村；尺八镇泥套农场；分盐镇河山村；容城镇沈柳村；上车湾镇周王村；汪桥镇三湖村、八甲村、毕家村、三垸村；马家寨乡金港村、青安村；熊河镇彭市村、新河村、渔场村	226
	荆门	掇刀区、东宝区、沙洋县	麻城镇朱庙村、官湾村、荆港村、三青村；团林铺镇双碑村、罗咀村、陈集村；牌楼镇江湾村、杨冲村；拾回桥镇刘店村、古林村、马新村、塘坡村	211
	黄石	大冶市、阳新县	金湖街道龙角山村；茗山镇屋段村、黄湾村、金祠村；白沙镇石茂村、平原村；木港镇坳头村、丰台村、金林组、木港村、漆祠村、泉汲村、石溪村、石下关村、宋波村、太平村、田畈村、西垅村、下石村、新湖村、枣园村、竹边港、竹西湖、子山村	191
合计	4 市/州	11 县（市、区）	22 乡（镇）69 村	768

4.2.1.2 样本特征

表 4-3 报告了样本农民个体或家庭方面的一些基本情况统计结果。在 768 个受访农民有效样本中，有 613 人为男性，占比为 79.82%，女性有 155 人，占比为 20.18%。在年龄方面，受访农民主要集中在 51~65 岁，这一区间有 351 人，占到了总样本数的 45.70%，其次是 41~50 岁，有 213 人，占比为 27.73%，另有 14.32% 的受访农民在 65 岁以上，而 21~40 岁的样本数仅有 90 人，占总样本的 11.72%，20 岁及以下的只有 4 人，占比为 0.52%，由此可见受访农民老年人偏多。

表 4-3 受访农民的主要特征描述性统计

指标	分组	频数	频率（%）
性别	女	155	20.18
	男	613	79.82

续表

指标	分组	频数	频率（%）
年龄	20 岁及以下	4	0.52
	21~40 岁	90	11.72
	41~50 岁	213	27.73
	51~65 岁	351	45.70
	65 岁以上	110	14.32
文化程度	未上过学或不识字	33	4.29
	小学	223	29.04
	初中	338	44.01
	高中（中专）	143	18.62
	大专及以上	31	4.04
健康状况	非常好	634	82.55
	比较好	56	7.29
	一般	63	8.20
	比较差	10	1.30
	非常差	5	0.65
兼业情况	否	528	68.75
	是	240	31.25
家庭人口规模	1~2 人	64	8.33
	3~5 人	461	60.03
	6~8 人	193	25.13
	9~10 人	31	4.04
	10 人以上	19	2.47

在文化水平方面，整体表现为偏低的水平，样本农民中的大多数都接受了九年义务教育，即初中学历水平，这一文化水平的农民人数为 338 人，占比为 44.01%，小学水平为第二高，有 223 人，占比为 29.04%，高中（中专）水平的样本农民有 143 人，这些农民占全体样本的 18.62%，另有大专及以上受教育水平的农民 31 人，占比为 4.04%，此外，还有未上过学或不识字的农民 33 人，占比为 4.29%。

在健康状况方面，有 634 人表示自己"非常好"，这类农民占到了总样本的

82.55%；其次，有 63 人回答"一般"，占比为 8.20%；而健康状况"比较好"的人数略少，为 56 人，占比为 7.29%；另有一些农民认为自己身体状况"比较差"或者"非常差"，两种回答的样本数分别为 10 人和 5 人，其占比分别为 1.30%和0.65%。

在是否兼业方面，在 768 个有效样本中，有 528 个是纯农户，占到了总样本数的 68.75%，兼业农民有 240 个，占比为 31.25%。在受访农民家庭人口数量方面，3～5 人的家庭居于绝大多数位置，其样本数为 461，占比为 60.03%，6～8人的家庭样本数为 193，其相应的占比为 25.13%，1～2 人的家庭人口数量样本数为 64，占比为 8.33%，9～10 人的大规模家庭样本数为 31，占比为 4.04%，另有 10 人以上的超大规模家庭样本数为 19，占比为 2.47%。整体而言，样本农民表现出以男性为主，年龄较大而文化水平较低，且无兼业的纯农户较多，健康状况良好，家庭人口规模多为中等规模的特征。

4.2.2　赋权方法的比较

对农民生态经济理性实现程度评估方法应用的主要目的是确定各指标权重，即赋权。在统计分析中，关于对指标进行权重确定的方式多种多样，一般而言，可以分为主观权重确定方法和客观权重确定方法。主观权重确定方法是指人们通过自我的权衡和分析，按照自己的理念确定数据指标权重的一种权重确定方式，比较常见的有德尔菲方法、Analytic Hierarchy Process 法等。对于主观权重确定方法而言，数据指标被赋予多大权重的主要因素在于决定者的自我偏好、阅历观念和学识等，这样一来，它可以很好地体现出方法使用人的自我认知和意见，然而，缺点也非常显而易见，由于过于重视方法使用人的意见，会使最后的结果在不同使用者手中差异巨大，不容易得到广泛的认同。正因为如此，主观权重确定方法主要在资料获取较为艰难或者现有资料难以完全被定量分析的情况下采用。客观权重确定方法是通过对数据按照数学原理进行整理和处置从而求取最终的权重以实现降维目的的手段，比较常见的有熵值法（The Entropy Method）、因子分析（Factor Analysis）等。客观权重确定的方式主要是基于数据资料自身的特征而得出的结果，不会因为使用者不同而出现较大差异，容易得到较为广泛的认可。然而，该方式也不是没有缺点，如果完全基于资料本身的话，一旦数据发生变化，可能会导致权重结果也发生变化。具体到不同客观权重确定方式之间，也有一些差异，例如，如果在要研究的数据资料指标并不是完全独立的情况下，一般考虑熵值法会更加妥当；如果要处理的数据资料十分庞大，体系也很复杂，这个时候，因子分析中的主成分分析能够在最大限度减少分析偏误的情况下，降低分析难度和强度（毛建华，2007）。

由此可见，主观的权重确定方式与客观的权重确定方式都不是完美无瑕的，关键是适合研究需要。经过综合权衡，本书采用熵值法求取相应的指标权重，这样做的理由：一是客观赋权法较少受到人为主观因素的干扰，能够较好地反映数据本身的规律和内在关联；二是本书研究的重点在于刻画个体间的相对差异而非绝对值高低，因而赋权并进行数据处理的目的在于观测不同个体的区别，因此依托观测结果进行赋值更好一些；三是客观赋权法又具有便于操作的优点，而且上述方法比较中已经提及，熵值法可以有效处理样本指标复杂且相互之间具有联系的情况，这也是符合本书需要的。综合上述三点考虑，本书选用熵值法对研究数据进行分析，从而获取生态经济理性各维度指标的权重。

4.2.3　熵值法说明

前文已经提及，任何权重确定方法都不是完美无瑕的，本书经过权衡比较采用熵值法计算农民生态经济理性实现程度各指标的权重，进而通过加权平均的方法求出农民的生态经济理性实现程度评价值。熵值法是一种根据各指标所含信息有序程度来确定权重的方法。信息熵描述了样本数据变化的相对速率，系数越接近于 1，距目标就越近；系数越接近于 0，距目标就越远。信息熵越小，指标权重就越大。在信息论中，熵是对不确定性的一种度量。信息量越大，不确定性就越小，熵也就越小；信息量越小，不确定性越大，熵也越大。通过这种方式的分析，能够基于数据资料本身的变化程度，通过熵的观测为我们确定数据的指标权重提供参考。其具体步骤如下：

第一步，构建基础矩阵 $Y = (y_{ij})$，y_{ij} 代表第 i 个农户第 j 个指标的观测值，$i=1, 2, \cdots, m$，$j=1, 2, \cdots, n$。

第二步，利用上述矩阵生成新的矩阵 $Z = (z_{ij})$，该矩阵中的元素与上述矩阵元素的对应关系如下：

$$z_{ij} = \frac{y_{ij}}{\sum\limits_{i=1}^{m} y_{ij}} \tag{4-1}$$

第三步，求出第 j 个指标的信息熵 E_j，与信息效用评价值 D_j，公式如下：

$$E_j = -K \sum\limits_{i=1}^{m} z_{ij} \ln(z_{ij}) \tag{4-2}$$

$$D_j = 1 - E_j \tag{4-3}$$

第四步，基于第三步，计算指标权重 w_j 和综合评价值 v_i，公式如下：

$$w_j = \frac{D_j}{\sum\limits_{j=1}^{n} D_j} \tag{4-4}$$

$$v_i = \sum\limits_{j=1}^{n} w_j y_{ij} \tag{4-5}$$

由于本书围绕生态经济理性的核心概念，设定了观念、知识、行为三个方面的观测变量，而每个方面包括 6 个观测变量，其中浅层次指标和深层次指标各 3 个，共计 18 个指标。为此，本书拟利用熵值法先对每个维度单独进行赋权与加总，得出各维度评价值，进而再一次使用熵值法对三个维度评价值进行赋权加总，最终求取本书所关注的农民生态经济理性实现程度综合值。之所以选择进行两次熵值法计算，主要基于以下两点考虑：一是若将 18 个指标一次性进行赋权加总，则在权重被细分的情况下，各指标权重差异减小，不利于提取其有效信息；二是通过重复进行熵值法计算，不仅可以得出各维度内指标权重，也可对各维度权重进行比较，便于观测维度间的观测变量在所求取的数据分析结果中的影响强度差异。

4.3　实证结果与分析

4.3.1　权重分布

表 4-4 报告了基于熵值法的农民生态经济理性实现程度指标权重计算结果。

农民生态经济理性实现程度的三个维度在权重方面表现出了较大差异，其中，生态经济知识维度权重最高，为 44.94%；其次是生态经济行为维度，为 37.39%；生态经济观念维度权重最低，仅为 17.67%。根据熵值法的计算原理，权重越大，表示对观察数据的差异贡献度越高。因此可以认为，农民在生态经济理性实现程度方面的差异主要体现在生态经济知识维度，其次是生态经济行为维度，而生态经济观念维度上的差异是最小的。由此也可在一定程度上认为，在生态经济发展背景下，农民在生态经济观念方面已经发生转变，开始意识到环境污染危害、绿色安全农产品的重要性等，现实中的行为也有所反映，但在生态经济知识方面则较为缺乏。

表4-4　农民生态经济理性实现程度各指标熵值法分析结果

维度	权重（%）	一级指标	权重（%）	二级指标	权重（%）
生态经济观念	17.67	浅层次生态经济观念	45.86	G1	18.69
				G2	7.67
				G3	19.50
		深层次生态经济观念	54.14	G4	26.70
				G5	10.39
				G6	17.05
生态经济知识	44.94	浅层次生态经济知识	41.41	Z1	13.11
				Z2	14.64
				Z3	13.66
		深层次生态经济知识	58.59	Z4	18.35
				Z5	20.08
				Z6	20.16
生态经济行为	37.39	浅层次生态经济行为	40.89	X1	14.10
				X2	17.09
				X3	9.70
		深层次生态经济行为	59.11	X4	19.33
				X5	19.48
				X6	20.30

就一级指标的权重而言，三个维度体现出了共同的特点，即无论是生态经济观念维度、生态经济知识维度抑或生态经济行为维度，其浅层次指标权重均要低于深层次指标，这说明农民生态经济理性实现程度分异主要在深层次方面更为巨大，其中最为明显的是生态经济行为维度，其浅层次生态经济行为指标权重与深层次生态经济行为相差18.22个百分点，分异最小的同样是生态经济观念维度，其浅层次指标与深层次指标权重相差8.28个百分点。

二级指标方面，直观来看，生态经济观念维度指标权重差异较大，极差高达19.03个百分点；其次是生态经济行为维度，权重极小值仅为9.70%，最高的为20.30%，极大值和极小值之间的差距为10.60%；生态经济知识维度指标权重差别最小，均集中在13.11%~20.10%范围内。

4.3.2 农民绿色生产中生态经济理性实现程度水平分析

为消除各指标的量纲和单位差异且便于比较，本书对农民的生态经济理性实现程度评估结果进行 Min-max 数据标准化，并将标准化后的结果分别进行乘以100处理，因此，该评价结果重在比较相对值，也就是农民生态经济理性实现程度的指标观测值差异比较，而不关注绝对值的大小。具体结果如表4-5所示。

表4-5　样本农民生态经济理性实现程度评估结果的水平分析

维度	均值	标准差	低程度型		高程度型	
			频数	频率（%）	频数	频率（%）
生态经济观念	71.53	19.97	365	47.53	403	52.47
生态经济知识	61.34	21.93	398	51.82	370	48.18
生态经济行为	68.76	21.55	355	46.22	413	53.78
生态经济理性实现程度	62.03	20.11	364	47.40	404	52.60

整体来看，农民的生态经济理性实现程度均值为62.03，各维度均值比较而言，其排序为：生态经济观念维度（71.53）>生态经济行为维度（68.76）>生态经济知识维度（61.34）。从标准差来看，生态经济观念维度的标准差最小，为

19.97，说明其变动幅度最小，生态经济知识维度和生态经济行为维度两者相差不大，分别为21.93和21.55，其变动幅度高于生态经济观念维度。这一结果所显示内容与指标权重所反映的结果是一致的，即农民在生态经济观念方面的差异较小，但是在生态经济知识方面的差异巨大。

为进一步刻画不同农民之间的生态经济理性实现程度差异，本书以均值为标准，将低于均值的农民划定为低程度型，其余划定为高程度型。就生态经济理性实现程度而言，768个总样本中，高生态经济理性实现程度型农民有404人，占比为52.60%，低生态经济理性实现程度型农民有364人，占比为47.40%，说明多数农民的生态经济理性实现程度高于整体平均水平。从各维度比较来看，农民之间的生态经济行为维度分异最为明显，低程度型农民有355人，占比为46.22%，高程度型农民有413人，占比为53.78%；生态经济知识方面的分布则较为平均，两种类型农户占比较为均衡，仅相差3.64个百分点，且生态经济知识是三个维度中唯一低程度型多于高程度型的维度，低程度型样本数为398，占比为51.82%，与之相对应地，高程度型样本为370，占比为48.18%，说明多数农民生态经济知识位于平均水平以下；生态经济观念维度同样是高程度型（403人，占比为52.47%）略多于低程度型（365人，占比为47.53%）。

4.3.3　农民绿色生产中生态经济理性实现程度结构分析

接下来探讨农民的生态经济理性实现程度结构分布，本书按照每个农民的生态经济理性实现程度三个维度值的相对大小，将样本依次归类为三组，也就是观念型生态经济理性、知识型生态经济理性和行为型生态经济理性。其中，观念型即表示在该农民的生态经济观念维度、生态经济知识维度和生态经济行为维度的评估值中，其生态经济观念维度评估值最高；知识型即表示在该农民的生态经济观念维度、生态经济知识维度和生态经济行为维度的评估值中，其生态经济知识维度评估值最高；行为型即表示在该农民的生态经济观念维度、生态经济知识维度和生态经济行为维度的评估值中，其生态经济行为维度评估值最高。具体情况如表4-6所示。

表 4-6　样本农民生态经济理性实现程度评估结果的结构分析

农户类别	频数	频率（%）
观念型	375	48.83
知识型	159	20.70
行为型	234	30.47
总样本	768	100.00

由表 4-6 可知，768 个样本农民中，观念型生态经济理性农民最多，为 375人，占比为 48.83%，这一比例远高于知识型生态经济理性农民和行为型生态经济理性农民，两者的样本数分别为 159 人和 234 人，其相应的占比分别为20.70% 和 30.47%。这说明从生态经济理性实现程度的视角来看，绝大多数农民属于观念型，其知识和行为则远远落后于其思想认识，可以在一定意义上认为，所谓的生态经济观念已经为绝大多数农民所认可和接受，但农民囿于有限的相关技术和信息知识等，难以落实到实际行动上。这或许也正是农民绿色生产行为与意愿相背离，主要以行为落后于意愿最为多见（余威震等；2017）的重要原因之一。

4.4　农民绿色生产中生态经济理性实现程度的群体差异分析

接下来本书将对绿色生产中农民的生态经济理性实现程度进行分群统计比较，本书依次从性别、年龄、文化水平、身份角色、农业依赖度、信息化和地区方面对不同农民的生态经济理性实现程度均值、水平类型和结构类型进行比较。该比较的意义在于：识别不同群体的农民生态经济理性实现程度差异，有助于探寻其生态经济理性实现程度的分异原因，便于找到相应的提升手段与方法；而比较农民生态经济理性实现程度的水平类型和结构类型差异，有利于寻求提升农民生态经济理性实现程度的着力点，从而有的放矢，优化其结构。

4.4.1 农民生态经济理性实现程度的性别差异

农民生态经济理性实现程度在性别方面的差异统计结果如表4-7所示。就均值而言，男性农民的生态经济理性实现程度为63.08，高于女性农民的57.85；但从水平类型来看，男性农民多数（337人，占比为54.98%）属于低程度型，高程度型为276人，占比为45.02%，而女性农民则与之相反，有88位女性农民属于高程度型，占比为56.77%，说明生态经济理性实现程度处于极端低值的样本位于女性群体或者极端高值出现在男性农民中，由此拉低了女性农民的生态经济理性实现程度均值或抬升了男性农民的生态经济理性实现程度均值；结构类型方面，女性农民中的排序为观念型（50.97%）＞行为型（27.10%）＞知识型（21.94%），男性群体中三种类型的比重排序与之相同，但观念型比重低于女性群体（48.29%＜50.97%），而行为型比例高于女性农民（31.31%＞27.10%），由此可见，在生态经济理性视角来看，与女性样本相比，男性样本具有更高的行动力。

表4-7 样本农民生态经济理性实现程度的性别差异比较

分组依据：性别			女	男
生态经济理性实现程度均值			57.85	63.08
水平类型	低程度型	频数	67	337
		频率（%）	43.23	54.98
	高程度型	频数	88	276
		频率（%）	56.77	45.02
结构类型	观念型	频数	79	296
		频率（%）	50.97	48.29
	知识型	频数	34	125
		频率（%）	21.94	20.39
	行为型	频数	42	192
		频率（%）	27.10	31.32

我国农村以男性为主导的传统模式影响依然存在，女性主要负责家庭具体事务，男性负责家庭生产生活决策。这种情况出现的原因在于，一般而言男性的视

野、能力和对外界或新鲜事物了解度更高，遇事往往也更有主见，因此，其生态经济理性实现程度高于女性自然也就在情理之中。这也与一些相关研究（Trauger，2004；Song 等，2002；Kizilaslan，2007；陈美球等，2019）的观点是一致的。全国统计资料显示，现阶段，在中国从事农业生产的人中，有大约14927 万人为女性，其所占比例接近总人数的一半，女性劳动力已撑起了中国农业的"半边天"。鉴于目前女性农民已日益充当起了我国农业劳动力主要角色的现状（梁栋和吴惠芳，2017；蔡弘和黄鹂，2017），应有针对性地提升女性农民在农业生产中的生态经济理性实现程度。

4.4.2　农民生态经济理性实现程度的年龄差异

农民生态经济理性实现程度在年龄方面的差异统计结果如表4-8 所示。就均值而言，农民生态经济理性实现程度随着年龄增长而逐渐降低，最高的为 20 岁及以下的农民，其均值高达 69.87，而最低的年龄段是 65 岁以上，其生态经济理性实现程度均值仅为 58.25；从水平类型来看，农民生态经济理性实现程度属于高程度型的比重随着年龄增长反而逐渐升高，但多数年龄段中，高程度型农民的比重均低于低程度型，最高的也仅占 50.91%，尽管 20 岁及以下的农民中有50.00% 的样本为高程度型，但由于这一群体仅有 4 个样本，故而本书认为其并不影响整体分布规律；从结构类型方面来看，除 20 岁及以下农民以行为型居多外，其他年龄段农民中各结构类型比重排序均表现为：观念型>行为型>知识型，其中，41～50 岁和 51～65 岁的中老年农民，其行为型样本的比重（分别为32.86% 和 33.05%）明显高于另外两个年龄段（21～40 岁农民中行为型占比26.67%，65 岁以上农民中行为型占比 20.00%）。

表 4-8　样本农民生态经济理性实现程度的年龄差异比较

分组依据：年龄			20 岁及以下	21～40 岁	41～50 岁	51～65 岁	65 岁以上
生态经济理性实现程度均值			69.87	63.93	62.21	62.52	58.25
水平类型	低程度型	频数	2	53	113	182	54
		频率（%）	50.00	58.89	53.05	51.85	49.09

续表

分组依据：年龄			20 岁及以下	21~40 岁	41~50 岁	51~65 岁	65 岁以上
生态经济理性实现程度均值			69.87	63.93	62.21	62.52	58.25
水平类型	高程度型	频数	2	37	100	169	56
		频率（%）	50.00	41.11	46.95	48.15	50.91
结构类型	观念型	频数	1	47	96	160	71
		频率（%）	25.00	52.22	45.07	45.58	64.55
	知识型	频数	1	19	47	75	17
		频率（%）	25.00	21.11	22.07	21.37	15.45
	行为型	频数	2	24	70	116	22
		频率（%）	50.00	26.67	32.86	33.05	20.00

研究发现，随着年龄的增长，人体各项机能（Mazzeo 和 Tanaka，2001；Bosek 等，2005），如肌肉强度、有氧代谢能力、灵活性等会不断下降；而在知识技能方面，在生命周期中，人的认知能力是随年龄增长逐渐下降的（Verhaeghen 和 Salthouse，1997）。一般而言，年轻人相较于年龄较大的农民，思想更为开放、思维更为活跃，加之在我国农村多数年老农民的受教育程度较低，因而其信息获取与知识学习能力也低于年轻人，而年龄增加带来的体能衰退也不利于农民生态经济理性实现程度的提升。因此，农民生态经济理性实现程度与年龄表现为负相关。但值得注意的是 41~65 岁的农民属于行为型的比重较高，而这一年龄段恰是当前我国农业的主要从业者，肩负着我国农业生产绿色化转型的重任，如何进一步提升其生态经济理性实现程度需特别予以关注；另外，一个重要的事实是，全国统计数据显示，现阶段我国从事农业生产的人中，55 岁及以上的农业生产经营人员超过了总数的 1/3，然而，低于 35 岁的年轻人不到总人数的 1/5，我国的农业劳动力老龄化趋势明显（杨志海，2018；黄季焜和靳少泽，2015），这一现状在短期内无法改变，因此在加快农业生产绿色化转型的背景下，应在农业绿色生产技术推广中，给予年老农民较高的关注和重点帮扶培训等。

4.4.3 农民生态经济理性实现程度的文化程度差异

农民生态经济理性实现程度在文化程度方面的差异统计结果如表 4-9 所示。

就均值而言，农民生态经济理性实现程度总体上随着文化水平提高而逐渐上升，但相较于高中（中专）学历农民（生态经济理性实现程度均值为68.83），大专及以上学历农民的生态经济理性实现程度均值（63.27）略有所下降，在各文化水平中属于次高水准；从水平类型来看，生态经济理性实现程度均值较低的小学及以下学历农民中，属于高程度型的比重多于低程度型，其中，未上过学或不识字群体的高程度型农民占比高达72.73%，其他学历中，均以低程度型农民居多，其中，高中学历农民中，低程度型占比最高，为67.83%；结构类型方面，对于各受教育水平农民的三种结构按比重排序均为：观念型>行为型>知识型，其中，初高中学历农民的三种结构类型比重最为均衡，且具有较高的行为型比重和知识型比重。

表 4-9　不同受教育水平农民的生态经济理性实现程度比较

分组依据：文化程度			未上过学或不识字	小学	初中	高中（中专）	大专及以上
生态经济理性实现程度均值			47.36	58.84	62.57	68.83	63.27
水平类型	低程度型	频数	9	106	176	97	16
		频率（%）	27.27	47.53	52.07	67.83	51.61
	高程度型	频数	24	117	162	46	15
		频率（%）	72.73	52.47	47.93	32.17	48.39
结构类型	观念型	频数	19	117	164	56	19
		频率（%）	57.58	52.47	48.52	39.16	61.29
	知识型	频数	5	40	73	36	5
		频率（%）	15.15	17.94	21.6	25.17	16.13
	行为型	频数	9	66	101	51	7
		频率（%）	27.27	29.6	29.88	35.66	22.58

　　整体来看，文化水平的提高有助于信息获取与技术学习，可以开阔农民视野和转变思想观念，进而提升农民的生态经济理性实现程度。但与年龄相同，文化水平最高的农民反而不如次高受教育水平农民，且其生态经济理性表现为以观念型居多，行动力不足。由此来看，未来的农业绿色生产推广工作中，如何提升农村地区不识字和小学学历农民的文化知识水平是农民生态经济理性实现程度提升

和农业绿色生产推广的有效着力点。

4.4.4 农民生态经济理性实现程度的身份角色差异

农民生态经济理性实现程度在村干部和普通村民之间的差异如表4-10所示。就均值而言，村干部的生态经济理性实现程度为67.93，高于一般村民的60.59；但从水平类型来看，多数（61.33%）村干部属于低程度型，高生态经济理性实现程度型占比38.67%，而一般村民中，有49.51%的人属于高生态经济理性实现程度型，说明生态经济理性实现程度处于极端低值的样本位于一般村民群体或者极端高值在村干部群体中，由此拉低了普通村民群体的生态经济理性实现程度均值或抬升了村干部群体的生态经济理性实现程度均值；结构类型方面，非村干部农民与担任村干部的农民三种类型按比重排序均为：观念型（50.97%）>行为型（27.10%）>知识型（21.94%），但村干部群体中，行为型和知识型比重要高于普通村民，可认为村干部的行动力要高于一般村民。

表4-10 样本农民生态经济理性实现程度的干群差异比较

分组依据：是否为村干部			否	是
生态经济理性实现程度均值			60.59	67.93
水平类型	低程度型	频数	312	92
		频率（%）	50.49	61.33
	高程度型	频数	306	58
		频率（%）	49.51	38.67
结构类型	观念型	频数	311	64
		频率（%）	50.32	42.67
	知识型	频数	122	37
		频率（%）	19.74	24.67
	行为型	频数	185	49
		频率（%）	29.94	32.67

在农村社会生态中，村干部是普通而又特殊的群体，一般情况下，他们具有和农民一样的生产生活活动，但其同时又是政府意志在农村的宣传执行者（徐

勇，2002；付英，2014)，同时村干部作为乡村精英，信息来源、资源获取与对国家政策的响应程度均高于一般村民，处于农村各类活动的引领地位。因此，如何发挥村干部群体在农村绿色生产转型中的引领带动作用，不失为提升农民生态经济理性实现程度进而实现农业绿色生产转型的有效途径。

4.4.5　不同农业依赖度农民的生态经济理性实现程度差异

本书以农民的农业依赖度，即农业生产经营收入在其所有收入之和中所占的比例是否达到一半以上为标准，将样本归类成以农为业和不以农为业两种。表4-11报告了农民生态经济理性实现程度在以农为业农民和不以农为业农民之间的差异。就均值而言，以农为业农民的生态经济理性实现程度为63.35，略高于不以农为业农民的61.46；从水平类型来看，不以农为业的农民中，高生态经济理性实现程度型有267人，占比为49.63%，高于以农为业农民的42.17%，但两类农民均以低生态经济理性实现程度型农民居多；结构类型方面，两类农民中，三种结构类型按比重排序同样为：观念型>行为型>知识型，且两类农民之间，三种类型的比重均相差不大，最高不超过2.1个单位。这说明农业依赖度高低决定了以农为业和不以农为业的两类农民在生态经济理性实现程度方面的差异。

表4-11　不同农业依赖度农民的生态经济理性实现程度差异

分组依据：是否以农为业			否	是
生态经济理性实现程度均值			61.46	63.35
水平类型	低程度型	频数	271	133
		频率（%）	50.37	57.83
	高程度型	频数	267	97
		频率（%）	49.63	42.17
结构类型	观念型	频数	264	111
		频率（%）	49.07	48.26
	知识型	频数	108	51
		频率（%）	20.07	22.17
	行为型	频数	166	68
		频率（%）	30.86	29.57

农业收入比重较高的农民对农业生产经营的依赖性更高，其生产经营也更加重视长期收益可持续经营，因而更加关注也更愿意践行生态经济要求下的农业生产规范，以获取更多农业生产收入和利润，进而表现出更高生态经济理性实现程度。因此，农业经营目标是影响农民在绿色生产中生态经济理性实现程度的重要因素。当前，农业生产比较效益低下，外出务工进入非农行业成为农民增加家庭收入的重要途径，务农逐渐沦为退而求其次的选择，在这种越来越多农民把农业作为副业的情况下，如何通过培育新型农民，让农业再次成为农民的主业，是加快农业生产绿色化转型工作中值得重视的问题和思路。

4.4.6 农民生态经济理性实现程度的信息化差异

本书以家中是否安装宽带网络作为农民信息化方面的分类标准。表4-12报告了农民生态经济理性实现程度在信息化方面的差异。就均值而言，家中装有宽带农民的生态经济理性实现程度为63.38，略高于未安装宽带农民的60.34；但从水平类型来看，未安装宽带的农民中，高生态经济理性实现程度型有178人，占比为52.05%，高于已安装宽带农民的43.66%；结构类型方面，两类农民中，三种类型排序同样为：观念型>行为型>知识型。这表明，装有宽带的农民其信息来源渠道得到扩宽，信息获取效率得到极大提升，有助于其更新观念和知识，从而具有更高的生态经济理性实现程度。

表4-12 样本农民生态经济理性实现程度的信息化差异比较

分组依据：有无安装宽带			无	有
生态经济理性实现程度均值			60.34	63.38
水平类型	低程度型	频数	164	240
		频率（%）	47.95	56.34
	高程度型	频数	178	186
		频率（%）	52.05	43.66
结构类型	观念型	频数	163	212
		频率（%）	47.66	49.77
	知识型	频数	67	92
		频率（%）	19.59	21.6

分组依据：有无安装宽带			无	有
生态经济理性实现程度均值			60.34	63.38
结构类型	行为型	频数	112	122
		频率（%）	32.75	28.64

但是，就实证结果来看，这一优势并不十分明显，即通过安装宽带接入互联网的农民与未安装宽带的农民相比，其生态经济理性实现程度并未高出太多，可能的原因有二：一是根据实地调研来看，农民对于互联网的使用更多地集中在社交和娱乐等方面（现实中微信、抖音等社交娱乐 App 的使用率最高），因而互联网对于农民生态经济理性实现程度提升或者农业生产技术推广方面的作用并不强烈；二是由于我国的移动网络经历了连续的提速降费，加之智能手机的大范围普及，农村移动网络使用率大面积提升，价格也更加低廉，即使没有安装宽带，农民依然可以通过手机移动网络使用互联网，因而以宽带作为观测指标的比较，并未发现两类群体存在明显差异。因此，在如何发挥互联网信息传播优势以促进农民生态经济理性实现程度提升及农业绿色生产推广方面，应将主要力量集中在如何培养农民的互联网使用习惯以及优化生态经济相关信息的传播扩散形式上，使之更能为广大农民所接受。

4.4.7 农民生态经济理性实现程度的地区差异

不同地区农民生态经济理性实现程度的差异统计结果如表 4-13 所示。就均值而言，鄂东农民的生态经济理性实现程度最高，为 65.39，其次是鄂中地区，为 63.21，鄂西地区最低，仅为 53.75，与鄂东地区相差 11.64；但从水平类型来看，在鄂东地区农民中，高生态经济理性实现程度型占比仅为 42.93%，而鄂西地区农民中高生态经济理性实现程度型占比最高，为 61.43%，鄂中地区的高生态经济理性实现程度型农民则比例居中，但同样较低，为 44.85%；结构类型方面，两类农民中，三种类型排序同样为：观念型>行为型>知识型。这表明，农民生态经济理性实现程度存在着较为明显的地区差异，均值方面排序为鄂东地区>鄂中地区>鄂西地区，而水平类型方面则恰好相反，这可能与鄂东地区、鄂中地区和鄂西地区的自然条件与经济社会发展状况差异较大有关。

表 4-13　样本农民生态经济理性实现程度的地区差异比较

分组标准：地区			鄂西	鄂中	鄂东
生态经济理性实现程度均值			53.75	63.21	65.39
水平类型	低程度型	频数	54	241	109
		频率（%）	38.57	55.15	57.07
	高程度型	频数	86	196	82
		频率（%）	61.43	44.85	42.93
结构类型	观念型	频数	72	209	94
		频率（%）	51.43	47.83	49.21
	知识型	频数	26	102	31
		频率（%）	18.57	23.34	16.23
	行为型	频数	42	126	66
		频率（%）	30.00	28.83	34.55

　　就自然条件来看，鄂中地区的整体状况较为平稳，而鄂西地区与鄂东地区则差异巨大，其中鄂东地区黄石市的农民生态经济理性实现程度均值高于鄂西地区恩施自治州，这可能是黄石下辖的大冶市经历了由资源型粗放发展转型为生态优先发展城市过程中的一系列举措，普遍提高了整体居民的生态经济理性实现程度；而从经济发展来看，2018 年，鄂中地区的荆州市和荆门市人均 GDP 分别为3.69 万元/人和 6.37 万元/人，鄂东地区黄石市则为 6.43 万元/人，而恩施土家族苗族自治州仅为 2.59 万元/人，这表明生态经济理性实现程度的地区均值与当地经济发展水平存在正向的关联，在提升农民绿色生产生态经济理性实现程度的过程中，经济发展是重要推动力。

第5章 生态经济理性视角下农民绿色生产行为分析

在上一章中，本书对生态经济理性实现程度的三个重要维度进行了勾勒与描述。但一个值得注意的问题是，尽管私人利益（包括经济利益与生态利益）是生态经济理性人的行动目标，但已有研究表明，生态良知或责任感等诸多具有利他属性的价值观念的确存在并对农民的绿色生产行为产生影响（李立嘉，2014；姚柳杨等，2016；张童朝等，2019a）。基于此，本章尝试探讨的问题是，个体具有利他属性的生态保护观念和利己属性的经济逐利如何影响农民绿色生产行为，而对于具有不同生态经济理性实现程度的农民，两者的影响是否相同或有差异？如果趋同，则说明生态经济理性对农民的行为并无实质性影响，但若具有差异，则说明生态经济理性确乎存在并在农民绿色生产行为决策中发挥作用。

5.1 理论分析与研究假说

基于本书的分析框架，在生态经济理性视角下，农民参与农业绿色生产行为的决策目标依旧是实现自身收益最大化，所不同的是，这种收益包含了生态环境方面的收益和经济利益两个方面。但是，必须指出的一个问题是，利他倾向、生态良知等同样对农民的绿色农业生产行为具有影响，这一点已得到一些学者的认同。因此，如果要深入考察生态经济理性对农民绿色生产行为的影响，必须充分考虑如下两个问题：一是要剥离类似于生态良知、道德或者责任等因素对农民绿色生产行为的影响；二是充分分析道德、责任等非"利己"因素与个体自我利益追求之间的关系，特别是这种关系在生态经济理性视角下的农民绿色生产行为决策中是如何变化的。

5.1.1 经济逐利对农民绿色生产行为的影响

此处的经济逐利是指决策主体对于自身经济利益的追逐，也就是传统经济理性分析框架下的决策目标：自我经济利益追逐。按照理性小农理论，农民行为的决策目标是实现自身收益最大化，绿色农业生产行为决策也是在这种行为框架下发生的。通俗地说，相较于沿用之前农业生产模式，如果开展绿色农业生产可以使农民降低农业生产成本或者提高预期收益，则农民会积极付诸行动；相反地，如果开展绿色农业生产会增加成本或者降低预期收益，那么农民则不会展开相应的农业绿色生产行动。基于现实情况来看，由于技术或者农业生产现实和市场等问题，目前一些主要的绿色农业生产方式似乎尚不能明显地或者快速地提升农民的预期收益。例如秸秆还田、测土配方施肥等，均会在原有基础上增加农民开展相应生产实践的资金成本或者时间成本和学习成本，但就其效果来看，其在增产增收方面的效果还不十分显著，特别是秸秆还田，其技术效果尚存在诸多不确定性（徐志刚等，2018）。另外，现有的农产品市场仍然不是十分完善，难以有效甄别普通农产品和绿色农产品，也存在普通农产品"以次充好"的现象[①]，由此导致绿色农产品在如何实现优质优价方面存在困难，导致农民通过绿色生产所销售的绿色农产品面临着难以实现其预期经济收益的风险。由此可见，现阶段的绿色农业生产尚不能充分发挥其降低成本或者提升收益的作用，因此，在农民以经济利益最大化为目标的行为框架下，其开展绿色农业生产的概率会降低。据此，本章提出假说1。

假说1：经济逐利增强会抑制农民开展绿色农业生产。

5.1.2 生态良知对农民绿色生产行为的影响

本章中的生态良知是指农民出于利他动机而产生的对于生态资源与环境的保

[①] 参见南方农村报报道：http://static.nfapp.southcn.com/content/201702/09/c275702.html。

护，是一种类似于责任、道德等的因素，体现为个体对他人、社会乃至子孙后代等群体的关怀，而非对于自我利益的追逐。已有研究中已经证明了这一特性对于农民生产行为的影响，张童朝等（2019a）基于理论推演和实证分析认为，农民在自利动机之外同时具有利他倾向，并且由此认为，农民"有良"，具有强烈社会福祉属性（正的外部性）的绿色农业技术在广大农民中具有良好的潜在认同与需求。其理由在于，实践中政府仅仅依靠经济利益调节的干预手段并不能有效影响农民的绿色农业生产行为，这表明除了寻求经济方面的利润以外，农民的决策选择还受到了其他因素影响，而且，若单纯以个体经济利益最大化的框架分析农户行为，则意味着农民可以准确计算采纳该项技术的成本收益，并严格遵从计算结果采取行动，这显然与现实不完全相符。与此相同，姚柳杨等（2016）的研究也证明了以责任感知等为表征的生态理性会促进农民的耕地保护行为。由此可见，生态良知所代表的带有利他色彩的生态责任或道德等非经济因素同样在农民生产行为决策中存在并发挥着积极作用。据此，本章提出假说2。

假说2：生态良知指标对农民开展农业绿色生产具有积极作用。

5.1.3　生态经济理性视角下生态良知和经济逐利对农民绿色生产行为的影响差异

上述的分析并没有考虑生态经济理性的影响，生态经济理性是指农民的个体决策是以实现自身生态和经济利益最大化为行为目标的决策框架。在此前提下，生态经济理性实现程度则用于刻画农民在何种程度上可以实现生态经济理性所要求的最优决策目标，即其在多大程度上可以实现自身生态和经济利益的兼顾。分析生态经济理性视角下农民进行农业绿色生产决策，需要厘清三种关系。具体如下：

第一，生态经济理性与具有利他色彩、包含生态责任或者道德的生态良知的关系。生态经济理性强调农民的决策模式会充分考虑自身的生态利益，生态良知则是指其具有利他色彩的生态责任感或者道德，或者说前者是利己的，而后者是利他的，尽管两者倾向并不相同，但是，显而易见的是，两者都会促进农民对于生态资源与环境的保护性行为，即可以推动农民开展农业绿色生产。

第二，生态经济理性和强调单纯寻求经济利益极大化的经济逐利的关系。两者的区别在于个体决策是否或者在多大程度上考虑自身的生态利益，但两者在农民绿色生产行为方面的影响却是动态的，当生态经济理性实现程度较低的时候，意味着农民本身对于生态利益并不关注，也难以实现通过农业绿色生产增收致富，也就是农民既缺乏在生产中实现自身生态利益和经济利益兼顾的观念，也不能取得相应的行动效果，此时，农业绿色生产反而增加了农民生产成本，而不能带来农民的预期收益增加；当农民生态经济理性实现程度较高的时候，此时，意味着农民对于自身生态利益具有极高的关注度，同时又具备通过绿色生产增收致富的能力和知识，即农民可以通过绿色生产同时实现对自身生态利益和经济利益的追求，因而，尽管此时农民对于自身经济利益的追逐和生态经济理性决策框架下的行为目标依然不同，但其实现手段却是一样的，即选择开展农业绿色生产。因此，随着农民生态理性实现程度的提高，经济逐利将逐步展现出对于其选择农业绿色生产的积极作用增强或者阻碍作用的减弱。而根据前文对于现阶段经济逐利对农民绿色生产主要表现为消极作用的分析来看，本书倾向于认为生态经济理性实现程度提高可以使经济逐利在农民绿色生产决策中的阻碍作用减弱。

第三，生态经济理性视角下，经济逐利与生态良知在农民开展农业绿色生产行为决策中的关系转变。前文已经分析，就目前的现实状况来看，经济逐利指标可能对农民绿色生产行为表现出负向影响，而生态良知指标则会对农民开展农业绿色生产具有积极作用，据此可以推断，生态良知可以在一定程度上抑制经济逐利在农民绿色生产中的消极效应。前文已经分析，而当引入生态经济理性后，生态经济理性实现程度的提升，将会促进农民的经济逐利目标的实现手段与生态经济理性决策下的行为选择趋同，由此，生态良知与经济逐利在农民绿色生产行为决策中的作用也逐步呈现出协同的相互促进关系。据此，本章提出假说3。

假说3：随着生态经济理性实现程度的提升，经济逐利指标对于农民绿色生产行为决策的消极影响将逐步减弱，其与生态良知指标作用的关系也将逐步趋于协调。

5.2 数据来源与模型方法

5.2.1 数据来源

本章所用数据及其获取在第 4 章已交代，在此不作赘述。

5.2.2 模型选择

农民是否具有绿色生产行为是典型的二元选择变量，本书选取较为常用的 Binary Probit 模型进行考察（聂冲和贾生华，2005）。该模型的简化形式可以表达为：

$$P(Y_i = 1) = \varphi(\alpha + \beta \cdot F_i + \sum_j \gamma_j \cdot X_{ij} + \varepsilon_i) \tag{5-1}$$

其中，i 表示第 i 个农民，Y 表示该农民是否进行农业绿色生产的虚拟变量，0 表示未进行绿色生产，1 表示已进行绿色生产。α、β、γ 表示待估计的参数，ε 表示扰动项。F 表示本书所关注的关键变量，即生态良知与经济逐利。X_{ij} 则表示一系列控制变量，即包括个体特征、家庭经营特征和社区特征等诸多其他可能影响农民绿色生产行为的因素，本书依次设定了性别等个体特征、收入等家庭特征、农业生产成本收益、社会交流、信息设施、合作社、技术服务与农业政策项目等变量，同时还设定了地区虚拟变量。本书对变量的具体设定如下：

5.2.2.1 因变量

农业生产是一项复杂且系统的生产实践，不同生产环节和生产类型具有不同的特征，以单一环节或者某一流程中的行为代表农民的绿色生产，可能会使研究结论有所偏差。根据 United Nations Environment Programme 的倡议，农民可以选择的主要绿色技术有：一是重点关注耕地保护的技术手段，主要是充分利用生态系统自身的物质循环，通过农田耕作模式或者畜牧养殖模式的创新来实现；二是侧重在水土保持，主要是要减少对于自然界资源形态如耕地的过度改造甚至破坏，减少人造物质如大剂量的化肥、农药的使用等，以尽量减少对于地下水体的污染与破坏；三是在种植业或畜牧业成熟以后，对于其产品获取、贮藏和运输以及工业化处理过程中，如何减少不必要的产品腐坏和质量下降等。从这个角度来看，生态绿色清洁的农业生产也不意味着完全不使用各类人工投入品，而是考虑如何尽量依照生态系统自身规律开展种植或养殖，这在现阶段的农业生产绿色化转型中尤为重要（UNEP，2011）。

开展绿色农业生产的主要组成部分是通过采用天然肥料和充分利用自然规律进行病虫草害的防控与农田种植（谭秋成，2015）。前文概念界定中已经提及，本书聚焦于种植业农民的绿色生产行为，因此，本书分别从产前、产中和产后选取一种代表性生产行为来全面表征农民绿色生产行为，并在后文对其进行分别和综合性的模型检验。三种绿色生产行为分别是免耕少耕（产前环节）、测土配方施肥（产中环节）和秸秆还田（产后环节）。其中，免耕少耕属于2017年农业部组织遴选的100项农业主推技术中的绿色增产类技术，中华人民共和国农业部曾颁布《农业资源与生态环境保护工程规划（2016—2020年）》，将测土配方施肥作为推进农业投入品减量使用的关键方式，并明确提出到"十三五"末，实现农业生产中测土配方施肥的应用率超过90%，而秸秆还田则是加强耕地质量建设与保护并实现农业废弃物资源化的重要技术措施。因此，本书选取免耕少耕（产前环节）、测土配方施肥（产中环节）和秸秆还田（产后环节）三种农业绿色生产技术作为农民绿色生产行为的观测指标，是完全合理且具备充分代表性的[①]。

5.2.2.2 关键变量

（1）生态良知。区别于生态经济理性，本书的生态良知是指个体所持有的具有利他属性的生态保护责任感和价值观。本书分别从农民如何看待自己与他人、个体与社会、当代与后代的在生态资源环境问题方面的关系三个维度考察农民的生态观念，具体表现为三个问项："您是否关心自己的行为给他人造成的污

[①] 此处有必要再一次予以说明的是，这里作为因变量的农民绿色生产行为与生态经济理性实现程度中生态经济行为并不相同，此处的因变量是用以观测农民是否发生相应的绿色生产行为，是测度"行为有无"，而生态经济理性实现程度中生态经济行为维度是指农民的生产行为效果在何种程度上可以实现对于自身经济利益和生态利益的协调兼顾，也就是何种程度上接近生态经济理性决策框架的最优目标或效果，即"行为效果"，两者是不同的。

染和影响""您是否关心自己的行为给社会造成的污染和影响"和"我们应当为子孙后代保护生态资源与环境",按照样本农民对三个问题的关心程度或者同意程度由弱到强的顺序,让其分别等于1、2、3、4、5。最终对三个维度观测变量进行等权重相加,以获取农民生态良知综合变量观测结果。

（2）经济逐利。传统的理性经济人以经济利益最大化为行动目标,在这种行为目标导向下,农民表现为对于支出或者损失的厌恶和对于风险的规避。基于此,本书从损失厌恶、闲暇偏好和风险厌恶三个方面观测农民面对绿色生产选择时,对于个体经济利益的追逐与权衡。具体表现为三个问项:"绿色生产需要多花钱,不想做""绿色生产技术学习麻烦,不想学"和"绿色生产没有确定的收益提高我就不会采纳",按照样本农民对三个问题的关心程度或者同意程度由弱到强的顺序,让其分别等于1、2、3、4、5。最终对三个维度观测变量进行等权重相加,以获取农民经济逐利综合变量观测结果。具体结果如表5-1所示。

表5-1　生态良知与经济逐利指标的设定及基本情况统计

指标		问项		1	2	3	4	5	均值
生态良知	人际利他	我很关心我的行为是否给他人造成了污染或影响	频数	24	35	118	219	372	4.15
			频率（%）	3.13	4.56	15.36	28.52	48.44	
	社会利他	我很关心我的行为是否给社会造成了污染或影响	频数	22	32	150	214	350	4.09
			频率（%）	2.86	4.17	19.53	27.86	45.57	
	代际利他	我们应当为子孙后代保护好生态资源和环境	频数	8	9	45	152	554	4.61
			频率（%）	1.04	1.17	5.86	19.79	72.14	
	综合值	上述三者等权重相加之和	频数	0	23	98	277	370	4.29
			频率（%）	0.00	2.99	12.76	36.07	48.18	
经济逐利	损失厌恶	绿色生产需要多花钱,不想做	频数	139	176	207	143	103	2.86
			频率（%）	18.10	22.92	26.95	18.62	13.41	
	闲暇偏好	绿色生产技术学习麻烦,不想学	频数	151	195	174	144	104	2.81
			频率（%）	19.66	25.39	22.66	18.75	13.54	
	风险厌恶	绿色生产没有确定的收益提高,我不会进行	频数	82	110	242	196	138	3.26
			频率（%）	10.68	14.32	31.51	25.52	17.97	
	综合值	上述三者等权重相加之和	频数	56	205	274	178	55	2.96
			频率（%）	7.29	26.69	35.68	23.18	7.16	

就均值来看，样本农民生态良知指标中的人际利他、社会利他和代际利他的平均值高于4，说明其具有较高的生态责任感；经济逐利指标则较低，综合值均值为2.96，其中，风险厌恶值最高，为3.26，其次是损失厌恶值，为2.86，闲暇偏好值最低，仅为2.81。就分布来看，在生态良知综合值方面，绝大多数农民集中在了4和5的水平，合计有647人，占比高达84.25%，其次是3和2的水平，两者合计有121人，占比为15.75%，而观测值为1的农民为0；在经济逐利综合值方面，则主要在2~3的区间，两者合计有479人，占比为62.37%，其次是观测值为4的农民，有178人，占比为23.18%，观测值为1和5的农民大致相当，两者依次有56人和55人，相应的占比分别为7.29%和7.16%。

5.2.2.3 控制变量

参考相关研究（赵永清和唐步龙，2007；漆军等，2016；廖薇，2010），本书从农民自身状况、家庭禀赋和地区情况等方面设定了可能作用于其绿色生产的控制变量。在自身状况方面，本书选取了性别、年龄、受教育水平等予以考察。我国农村以男性为主导的传统模式的影响依然存在，男主外而女主内，男性负责家庭生产生活决策，一般而言男性的视野、能力和对外界或新鲜事物了解度更高，遇事往往也更有主见，其开展绿色农业生产的概率高于女性自然也就在情理之中。国外研究也发现男性比女性更加适应各类农业生产的要求，因而更容易采用包括绿色生农业技术在内的新技术（Trauger，2004；Song 等，2002；Kizilaslan，2007）。

年龄增长本质上是农民个体劳动力变化，作为最具能动性的生产要素，劳动力的可投入量会因年龄增长引起的体能老化和经验积累而有所损益，进而引起其他要素投入变动，最终演变为经济活动变化（Stark，1991）。年龄大的农民相较于青壮年，接触、学习和接纳新事物时的表现会差很多，这对新兴生产要素或者方式在农业生产中的扩散具有消极影响（徐娜和张莉琴，2014；李卫等，2017）。

文化程度会影响个人对信息的接收、处理和加工能力，影响所获取信息的质量和数量（Atanu 和 Alan，1994）。Schultz（1975）认为，一般而言，受教育年限长的农户，其自身往往能够更好地接触和利用信息。有研究发现，受教育水平会对于农民采纳新技术产生积极的促进作用（林毅夫，1994）。

此外，村干部在农村生产生活中是乡村精英中的一类群体，在农村地区具有多重角色（徐勇，2002；付英，2014）。一是政府代理人，村干部是政府政策宣读者、传播者和执行者，是国家各项农业农村政策和工作在农村地区赖以落实推进的重要主体；二是村民代言人，即代表村民向上级政府完成诉求表达等沟通任务，以保证国家了解农民的动态与诉求，制定合理政策。由于自身与农村和农民有着千丝万缕的联系，村干部的作用十分强大。诸多研究已经证明，村干部作为村民沟通往来的桥梁枢纽，有助于达成个体间共识，破除集体行动的困境（Ostrom，1990）。由此可见，这一群体一般不仅自身会在国家所倡导的绿色生产中具有更为积极的态度和行为，同时也会对其他人的行为选择产生明显的带动示范效应。因此，有必要对这一身份角色予以控制。

在家庭特征方面，本书对受访农民家庭年收入、劳动力数量和土地经营状况（规模和块均面积）进行考察。Maslow 和 Green（1943）认为重视环境问题隶属人的安全需求，高于追求温饱等生理需求，由此，农户只有在收入达到一定水平时，才会逐步重视起环境污染问题。而按照本书生态经济理性视角分析也是如此，家庭收入的增加将会促进农民对于生态环境改善的偏好增强，因而会促进农民开展农业绿色生产；此外，现阶段农业绿色生产作为一项支出活动，经济状况较好的农户无疑会面临更小的经济压力，其将绿色生产付诸行动的可能性也更大。

劳动力数量是农民家庭特征中不可忽视的一个因素。尽管多年来我国农业生产的机械化水平不断提升，但是人力劳动在很多时候依然是关键要素，农业绿色生产也是如此，丰富的人力资源可以让农民家庭同时应对不同的生产方式和生产环节的需要，更有余力开展与尝试新的技术，这一点在当前农业兼业化趋势明显的背景下则尤为重要。

土地经营状况对农民的各类新农业技术采纳也具有重要影响。耕地规模扩大带来的规模经济可促进新技术的采纳，我国人口众多，但是耕地资源较为稀缺，人均耕地较少导致小规模的家庭种植模式在我国十分常见，而一般情况下，如果耕地规模扩大，意味着农户可以花费更少的精力和时间完成更多的生产活动，对于农业绿色生产也是如此（林毅夫，1994；刘明月和陆迁，2013）。有观点认为，除规模外，我国耕地细碎化的现状，即一个农民家庭的所有耕地并不是连片分布而是分散于不同空间上，这直接增加了农民种植经营的成本，从而降低了农业机械作业效率，提高了机械使用成本，地块面积增加则有利于降低技术作业成本从而促进农民对包括绿色技术在内的各类农业新技术的采纳（Wu 等，2005；许庆等，2011；纪月清等，2017），鉴于此，本书引入经营规模和块均面积来对农民家庭经营的耕地条件进行控制。

在成本收益方面。按照理性视角的分析，农民所做出的选择必然是基于成本收益权衡后的决定。如果农民能够采纳一项新的技术，那么这个决定一定是由农民自己对采用的此项技术所需付出的成本和能够获得的效益进行权衡后的选择（舒尔茨，1987）。而农业生产收益情况则直接决定了农民下一季农业生产投资能力和农业生产动力，若农业生产效益低下，则难以支撑农民长期稳定地投资于农业生产包括新技术的采纳，同时，还会降低未来农业收入预期，弱化从事农业生产的动力与信心，使务农动力和信心不足，开展农业绿色生产的行动也就无从谈起。因而成本收益在农民的生产行为选择中具有不可忽视的影响（Launio 等，2016；Giannoccaro，2017），为此，本书通过引入农民上一年度的农业生产经营收入和支出情况对其进行控制。

社区特征是农民生产生活活动的行动场景，农民个体与社区的互动是其信息获取与行为学习的重要途径。对此，本书选取了与农民生产活动和技术学习密切相关的社会交流、信息设施、合作社、技术服务与农业政策项目等予以衡量，并对农民个体的政策知悉程度加以控制。其中，亲朋邻里之间的交流是农民积累社会资本的重要形式，也正因为这种交流，农民才使自己的社交网络得以维系和保持，农户间的互动交流有助于实现生产生活方面的互惠互助与学习和信任，尽管这种作用在个体就业机会获得中更为明显并且较早地被讨论（Mouw，2003；Bian，1997），但诸多研究业已发现，其在农户技术采纳决策中也同样扮演着重要角色（Conley 和 Udry，2010；Genius 等，2014；Maertens 和 Barrett，2015；乔丹等，2017）。

在信息设施方面。近年来，得益于国家的大力投入和推进，农村互联网络的应用普及，覆盖率不断提升，对农村社会产生了极强的影响，而互联网对于农民生产生活的作用也日益强烈。研究发现，互联网的信息扩散、反馈与共享将有助于农民获取更多农业生产知识和信息，从这个角度而言，互联网无疑会增强农民的农业绿色生产知识学习效率和生态资源环境保护意识，从而促进其农业绿色生产行动（张童朝等，2017；黄腾，2018）。

合作社对于当地农民生产行为的影响是十分巨大的。农业合作社的存在可以有效提升当地农业组织化程度，并带动农民生产逐步走向以市场为导向的标准化、规模化生产模式。在当前绿色农产品市场需求不断提升的今天，合作社将作为重要的市场信息传导路径引导农民开展农业绿色生产，以保证农产品绿色生态，无污染，同时也可以带动各类新型绿色农业技术的扩散和推广，因此，合作社的存在能够通过不断地带动示范，以点带面地提升农民进行绿色生产的可能性。

技术服务是对农民开展农业绿色生产较为直接的一个影响因素（Veronique等，2017），农业技术服务人员组织在农业技术创新实践过程中扮演着重要的角色，是新兴农业生产技术装备试用、推介和扩散普及的关键群体，如果身边有相关的技术指导人员或组织机构的存在，有助于农民随时了解、学习、应用或反馈新技术采纳中的情况问题，并及时解决相应的困难，这无疑可以有效地促进农民开展农业绿色生产。

政策知悉。受限于文化程度和农村相对落后的信息传播设施，很多时候并不是所有农民都可以很好地了解国家在农业生产、生态环境保护等方面的相关政策，这可能会阻碍农民对相应政策的行动响应，研究发现农户对生态环境政策越了解，越能够认识到农村生态环境的严峻现实，并在政策引导下更有可能采取实际行动来响应政府的号召（余威震等，2017）。（与生态环境保护相关的）农业项目也是对农民绿色生产行为具有影响的一个重要因素。奥斯特罗姆的关于制度分析与发展框架（IAD框架）对于研究和讨论公共物品所引起的社会公共管理问题具有极强的理论适用性（王亚华，2017），其中，行动场景是该分析框架的重要组分。当地如有与生态环境保护相关的农业项目，则可以通过改善当地农业生产和农村生活环境来正向促进农民的思想观念转化和行为转变，也会为与农民参与生态环境保护相关的行动提供资金、技术设施等方面的有利条件，因此，这无疑有利于促进农民开展农业绿色生产行动。

此外，鉴于湖北省东西狭长的地形，不同地方，其地形、耕作传统与气候条件等诸多方面存在不同，地区间相关政策措施也有所差异，本书设置了地区虚拟变量，分为鄂西地区、鄂中地区和鄂东地区，从而控制其他方面因素的潜在影响。具体的变量设定及其赋值说明如表5-2所示。

表 5-2　变量设定与赋值说明

变量	赋值说明
因变量	
免耕少耕	否=0；是=1
测土配方	否=0；是=1
秸秆还田	否=0；是=1
绿色生产	上述三种行为均没有=0；否则=1
自变量	
生态良知	参照前文说明的赋值
经济逐利	参照前文说明的赋值
交互项	生态良知与经济逐利的交互项
个体特征	
性别	女=0；男=1
年龄	20岁及以下=1；21~40岁=2；41~50岁=3；51~65岁=4；66岁及以上=5
文化程度	不识字或识字很少=1；小学=2；初中=3；高中（中专）=4；大专及以上=5
村干部	村民=0；村干部=1
家庭特征	
年收入	农民家庭年收入（万元）
劳动力	家庭劳动力数量（人）
经营规模	实际经营耕地面积（亩）
块均面积	以亩计算的家中经营耕地总面积除以总块数
成本收益	
农业收入	2017年家庭农业生产经营收入（万元）
农业支出	2017年家庭农业生产经营支出（万元）
社区特征	
社会交流	您经常和亲朋邻里聊天交流吗：从来没有=1；较少=2；一般=3；较多=4；经常=5
信息设施	本村网络信息设施建设：非常差=1；比较差=2；一般=3；比较好=4；非常好=5
合作社	本村有无农民专业合作社：无=0；有=1
技术服务	当地有无农业技术指导人员和机构：无=0；有=1
政策知悉	您对国家生态资源环境政策法规：完全不了解=1；不太了解=2；一般=3；了解一点=4；非常了解=5
农业项目	当地有无政府组织的农业政策项目（如垃圾设施修建等）：无=0；有=1
地区虚拟变量	

续表

变量	赋值说明
鄂西地区	恩施＝1；其他＝0
鄂东地区	黄石＝1；其他＝0

5.3　农民绿色生产行为现状描述

5.3.1　农民绿色生产行为总体现状

样本农民绿色农业生产行为的基本状况与群体比较结果如表5-3所示。总体来看，具有绿色生产行为的农民比例较高，在768个样本中，有542个农民开展了绿色生产，其占比达70.57%，但具体来看，不同绿色生产行为的比例差异较大。产后环节的秸秆还田比例最高，为64.19%，但产前环节的免耕少耕与产中环节的测土配方施肥的比例均非常之低，分别为13.15%和19.01%，样本数仅分别为101和146。

表5-3　受访农民的绿色生产现状分析

样本分类	免耕少耕		测土配方		秸秆还田		绿色生产	
	频数	频率（%）	频数	频率（%）	频数	频率（%）	频数	频率（%）
女	18	11.61	18	11.61	82	52.90	95	61.29
男	83	13.54	128	20.88	411	67.05	447	72.92
20岁及以下	1	25.00	0	0.00	1	25.00	1	25.00
21~40岁	7	7.78	14	15.56	48	53.33	51	56.67
41~50岁	36	16.90	41	19.25	135	63.38	151	70.89
51~65岁	51	14.53	74	21.08	236	67.24	261	74.36
65岁以上	6	5.45	17	15.45	73	66.36	78	70.91
未上过学	2	6.06	5	15.15	16	48.48	19	57.58

样本分类	免耕少耕		测土配方		秸秆还田		绿色生产	
	频数	频率（%）	频数	频率（%）	频数	频率（%）	频数	频率（%）
小学	18	8.07	43	19.28	140	62.78	159	71.30
初中	56	16.37	59	17.25	232	67.84	251	73.39
高中（中专）	20	13.99	36	25.17	93	65.03	101	70.63
大专及以上	5	18.52	3	11.11	12	44.44	12	44.44
村民	78	12.62	104	16.83	390	63.11	431	69.74
村干部	23	15.33	42	28.00	103	68.67	111	74.00
恩施	9	6.43	32	22.86	40	28.57	65	46.43
荆州	54	25.59	42	19.91	191	90.52	196	92.89
荆门	14	6.19	54	23.89	209	92.48	210	92.92
黄石	24	12.57	18	9.42	53	27.75	71	37.17
总样本	101	13.15	146	19.01	493	64.19	542	70.57

5.3.2　农民绿色生产行为的群体差异分析

由表 5-3 可知，不同农民的绿色生产行为也具有明显差异。从性别来看，男性农民绿色生产行为的发生比例高于女性（72.92%>61.29%），这一差异主要来自测土配方（20.88%>11.61%）和秸秆还田（67.05%>52.90%）两种绿色生产行为，而免耕少耕的比例差异不明显（11.61% 和 13.54%）。

从年龄方面来看，51~65 岁的农民绿色生产行为参与人数最多，有 261 人，占比为 74.36%，其次是 65 岁以上和 41~50 岁的农民，其样本数分别为 78 和 151，占比均高于 70%，21~40 岁的样本参与绿色生产的占比为 56.67%，而年龄 20 岁及以下的样本量较少，仅有 1 人，故统计意义不大；在不同绿色生产方式的年龄差异方面，测土配方施肥和秸秆还田两种行为与综合绿色生产行为方面表现出同样的分布状况，即最高的参与比例发生在 51~65 岁的农民中，占比分别为 21.08% 和 67.24%，而免耕少耕行为的最高比例发生在 41~50 岁的农民中，相应的参与占比为 16.90%。

从受教育水平来看，初中、小学和高中（中专）水平的农民绿色生产参与行为比例占据了前三的排名，占比依次为 73.39%、71.30% 和 70.63%，而大专及以上水平的农民具有绿色生产行为的样本数仅为 12，占比为 44.44%，秸秆还田与综合绿色生产行为表现出了较为相近的分布，而参与测土配方样本农民多是高中受教育水平，占比为 25.17%，在开展免耕少耕的农民中，最多的学历是大专及以上的受教育水平，占比为 18.52%。

从身份角色方面来看，村干部中参与绿色生产的占比为 74.00%，高于普通村民的 69.74%，这种差异在测土配方施肥方面表现得尤为明显，其中村干部开展测土配方施肥的占比为 28.00%，而普通村民参与测土配方施肥的占比仅为 16.83%，两者相差 11.17 个百分点。在免耕少耕方面，村干部的参与比例也略高，占比为 15.33%，而普通村民的参与占比仅为 12.62%。在秸秆还田方面，村干部和普通村民参与占比均较高，分别为 68.67% 和 63.11%，同样是村干部略高于普通村民。

分地区来看，鄂中地区的荆州市和荆门市具有绿色生产行为的农民比例均在 92% 以上，远高于鄂西地区的恩施土家族苗族自治州和鄂东地区的黄石市的农民参与绿色生产的占比，两地的参与占比分别为 46.43% 和 37.17%，而这种差异主要体现在产后环节的秸秆还田上，其中荆州市和荆门市参与秸秆还田的农民占比分别为 90.52% 和 92.48%，相应的恩施土家族苗族自治州和黄石市农民参与秸秆还田的占比仅为 28.57% 和 27.75%；在免耕少耕方面，荆州市农民的参与比例最高，占比为 25.59%，其次是黄石市，占比为 12.57%，恩施土家族苗族自治州与荆门市的农民的参与占比均不足 7%；在测土配方方面，荆门市农民参与比例最高，占比为 23.89%，恩施土家族苗族自治州农民参与的比例骤增至 22.86%，荆州市农民参与占比为 19.71%，而黄石市农民参与占比则不足 9.42%。

5.4　实证结果与分析

本书采取如下策略进行模型的回归检验，先是依次以免耕少耕、测土配方和秸秆还田三种绿色生产行为为因变量进行回归，得到方程 1.1、方程 1.2、方程 1.3，最后以绿色生产行为为因变量综合对农民绿色生产行为进行影响因素分析，得到方程 1.4。具体的模型结果如表 5-4 所示。

表 5-4　Probit 模型回归结果

	方程 1.1	方程 1.2	方程 1.3	方程 1.4
因变量	免耕少耕	测土配方	秸秆还田	绿色生产
生态良知	0.065	0.056	0.120**	0.070
	(0.089)	(0.080)	(0.060)	(0.085)
经济逐利	-0.036***	-0.052**	-0.099*	-0.044*
	(0.010)	(0.025)	(0.059)	(0.026)
交互项	-0.106	0.004	-0.133*	-0.120*
	(0.087)	(0.079)	(0.079)	(0.071)
性别	-0.114	0.417**	0.084	0.036
	(0.168)	(0.166)	(0.154)	(0.153)
年龄	0.141	0.251	0.258*	0.462*
	(0.313)	(0.288)	(0.152)	(0.277)
文化程度	0.109	-0.050	-0.086	-0.109
	(0.083)	(0.076)	(0.078)	(0.078)
村干部	-0.109	0.243*	0.067	-0.055
	(0.158)	(0.144)	(0.164)	(0.166)
家庭收入	-0.032	-0.006	-0.004	-0.005
	(0.025)	(0.011)	(0.008)	(0.008)
劳动力	-0.126**	-0.005	0.043	0.057
	(0.050)	(0.046)	(0.048)	(0.047)
经营规模	0.003	0.003	-0.004	-0.003
	(0.003)	(0.003)	(0.003)	(0.004)
块均面积	-0.026	0.012	0.105**	0.102**
	(0.028)	(0.024)	(0.047)	(0.051)
农业收入	0.003	0.057	0.182***	0.148**
	(0.053)	(0.043)	(0.065)	(0.075)
农业支出	0.001	-0.027	-0.157*	-0.074
	(0.072)	(0.067)	(0.090)	(0.099)
社会交流	0.037	0.061	0.115*	0.048
	(0.066)	(0.060)	(0.063)	(0.062)
信息设施	-0.133	-0.049	0.069	0.049
	(0.159)	(0.055)	(0.060)	(0.060)
合作社	0.266**	0.119	0.176	0.187
	(0.128)	(0.116)	(0.127)	(0.127)

续表

因变量	方程 1.1 免耕少耕	方程 1.2 测土配方	方程 1.3 秸秆还田	方程 1.4 绿色生产
技术服务	0.021 (0.141)	0.332*** (0.125)	0.017 (0.147)	0.290* (0.150)
政策知悉	0.212*** (0.074)	-0.032 (0.064)	0.104 (0.065)	0.147** (0.063)
农业项目	0.206 (0.181)	0.422** (0.167)	0.173 (0.155)	0.353** (0.152)
地区	已控制	已控制	已控制	已控制
Pro>chi^2	0.000	0.000	0.000	0.000
Pseudo R^2	0.270	0.109	0.415	0.357

注：*、**和***分别表示在 10%、5%和 1%的统计水平上显著，括号内为相应系数的标准误。

5.4.1　生态良知、经济逐利对农民绿色生产行为的影响及交互分析

生态良知指标在以秸秆还田为因变量的方程 1.3 中通过了 5%水平上的显著性检验，系数为正，说明利他属性的生态保护责任感和价值观有助于农民进行秸秆还田。在当前秸秆焚弃污染愈演愈烈且屡禁不止的情况下，还田利用作为秸秆资源化的一项重要途径，具有极强的环境保护效应（钟华平等，2003；毕于运，2010），且具有化肥减施和培肥地力的作用（赵士诚等，2014），但增产增收效果仍然具有较大不确定性且在短期内难以明显显现出来（徐志刚等，2018）。因此，秸秆还田的选择需要执行主体自身具有极强的生态保护意识和观念。但是，生态良知对于免耕少耕和测土配方施肥及绿色生产综合指标均没有表现出显著的影响，可能的原因为产前环节和产中环节是决定农民农业生产收益的重要环节，农民在这两项流程的生产活动中，更多考虑的是如何节本增效，因而其生态保护责任感的作用则相对减弱，故此并未表现出明显的影响效应。

经济逐利指标在四个方程中均表现出了显著的影响，且系数符号为负，这说明农民对于自身经济利益的追逐会降低其进行绿色生产的概率。在当前技术经济条件下，绿色生产的推行主要体现为较强的生态环境保护效应，其对于农民的生产经营经济效益增进并不十分明显或不足以抵消农民的因采用该绿色生产方式所

付出的成本，而现行的补偿机制又不能及时地弥补农民为此多付出的经济成本，由此，农民采用绿色生产方式的积极性也就降低。因此，农民的经济逐利将会对其绿色生产行为产生负向影响。

生态良知与经济逐利的交互项在方程1.4中对于农民绿色生产行为的消极影响通过了10%水平上显著。这说明随着经济逐利程度增强，生态良知对于农民绿色生产行为的影响不断降低，或者也可以理解为，生态良知可以抑制经济逐利对农民开展绿色生产的消极影响。事实上，当前农民对于生态的保护和对于个人的经济利益的追求并不能做到协调统一，因而使两者处于相互冲突的情境。秸秆还田同样表现出这种生态良知与经济逐利的冲突，方程1.1和方程1.2中免耕少耕和测土配方的回归，交互项未通过显著性检验（见表5-4），这种冲突并不明显，说明在环境保护效应更为明显的秸秆还田上，农民的生态良知与经济逐利冲突更为强烈，而对于具有节本增效的免耕少耕和测土配方施肥而言，这种冲突则并不是十分显著。

5.4.2 控制变量的影响分析

在个体特征方面，只有少数个体特征方面的变量在模型检验时显示出明显的影响效应。性别在方程1.2中通过了5%水平上的显著性检验，且系数为正。说明相较于女性，男性进行测土配方施肥的概率更高。在男外女内的传统分工模式影响下，在农村地区中男性比女性具有更多信息来源和更为宽阔的视野，而测土配方施肥具有较高的技术要求，因此男性农民采用可能性一般会高于女性，这与诸多研究的结果是一致的（Doss，2001；Ndiritu 等，2014；陈美球等，2019）。

年龄在方程1.3和方程1.4中通过了显著性检验，系数为正，这说明年龄较大的农民更有可能进行秸秆还田这一绿色农业生产方式。秸秆还田不仅具有较强的生态环保效应，同时具有较强的地力培肥作用，相较于免耕少耕和测土配方，耕地保护效应具有明显的跨期属性（Willcock 和 Magan，2000；Ferrier 等，2005；黄容等，2016；张亚丽等，2012；徐志刚等，2018）。而在我国农村，年轻力壮的农民大多选择进城打工增加收入，年老回家从事种植生产，因此农村青年都不把种植生产作为主业，而年老人以农为业（陈飞和翟伟娟，2015），其农业生产更加重视长期收益，因此对于具有耕地保护的秸秆还田行为也更为积极。

村干部在方程 1.2 中表现出了 10% 水平上的显著影响效应，说明相较于一般村民，村干部进行测土配方的可能性更大。测土配方主要依靠较为专业的人员机构进行，在某些地区有农技人员免费提供服务，村干部作为村民代表，与相应的技术人员接触较多，"近水楼台"自然更容易获得技术指导和帮助，也更加具备通过测土配方进行农田肥料施用的技术支持。

　　在家庭特征与成本收益方面，劳动力数量仅在方程 1.1 中显著，且系数为负，说明家庭劳动力较多的农民开展免耕少耕的概率更低，这可能是由于免耕少耕属于劳动节约型技术，对劳动力需求不高，因而更易为劳动力较少的农民采纳。家庭特征中的土地块均面积和成本收益中的农业收入在方程 1.4 中通过了显著性检验，系数为正，而在方程 1.3 中，家庭特征中的土地块均面积和成本收益中的农业收入同样通过了显著性检验。这说明，块均面积较大、农业收入较高的农民，其秸秆还田的可能性更大。相较于免耕少耕与测土配方，秸秆还田对机械化作业需求较强，而机械化作业则要求块均面积较大，土地过于细碎不利于开展机械化耕作种植等。另外，农业收入较高，说明庄稼收成对其全家生计收益有着更为强烈的影响，受到的重视程度也更高，农民也就更加在意农业长期收益，这无疑更有利于秸秆还田这一具有跨期收益属性的绿色生产行为发生。

　　农业支出仅在方程 1.3 中在 10% 的水平上显著，结果显示的影响方向为负，这说明，在农业生产中支出多的生产者，更加不愿意对农田秸秆进行还田处理。免耕少耕事实上无须农民额外的直接支出，而测土配方在很多地方都是政府以免费服务的形式提供给农民，因而也无须过多的额外支付，但秸秆还田的机械服务则须由农民直接承担。因此，对于已经在农业生产投入较多的农民而言，其对于额外支付更为敏感，这会抑制其进行秸秆还田。

　　在社区特征方面，相较于上述几个方面的变量，社区特征方面具有显著影响的观测指标较多，这也在一定程度上说明当前农民绿色生产行为更多地受到外部环境与条件支持的影响。具体来看，技术服务、政策知悉和农业项目在方程 1.4 中通过了显著性检验，且系数均为正，这说明良好的外部技术服务、较多的环保类农业项目开展以及增强农民对于国家生态环境政策的了解度，有助于推动农民参与绿色生产。

　　技术服务和农业项目在方程 1.2 中通过了显著性检验，这说明测土配方施肥更加依赖于外部技术服务和农业项目支持，这也是与测土配方需要有效技术指导的特征相符合的。合作社与政策知悉在方程1.1中表现出了明显的促进效应，可以认为在当地有合作社、对生态环保政策了解较高的情况下，农民进行绿色生产的可能性更高。少耕免耕属于无须外界支持的一种绿色生产方式，农民是否进行少耕免耕更多地来自对其是否了解和合作社示范效应的带动辐射。

在方程1.3中，则只有社会交流表现为显著的积极的正向效应，说明社会交往参与积极的农民秸秆还田可能性更大，可能的解释是，秸秆还田的增产增收效果具有跨期属性和不确定性（徐志刚等，2018），这种具有不确定效果的生产方式，在农村熟人社会境况下，亲朋邻里的推介效应远远强于政府宣传推广，因而社会交流对于农民对作物秸秆进行还田处理具有明显的积极影响。

5.5 生态经济理性视角下农民绿色生产行为再分析

根据本书的分析，生态经济理性实现程度本质上是农民行为中生态利益与经济收益的协调程度。换言之，生态经济理性实现程度高的农民，必然可以在生产中兼顾生态需求与经济效益。此时，其利他属性的生态保护责任感与经济利益的追求也可以得到协同并进的效果。为检验这一推论，本书对样本农民按照生态理性实现程度由低到高大致均分为三组，即低水平组、中水平组和高水平组，三组的样本量分别为250、268和250，然后分别通过Probit模型检验生态良知、经济逐利及其交互项对于农民绿色生产行为的影响。由此，依次得到方程2.1、方程2.2和方程2.3，具体结果如表5-5所示。

表5-5　不同生态经济理性实现程度农民的绿色生产行为影响因素模型回归结果

变量	方程2.1 低水平组	方程2.2 中水平组	方程2.3 高水平组
生态良知	0.468*** (0.160)	0.195* (0.114)	0.454 (0.280)

续表

变量	方程2.1 低水平组	方程2.2 中水平组	方程2.3 高水平组
经济逐利	-0.061 (0.148)	-0.205* (0.122)	-0.083 (0.137)
交互项	-0.161* (0.095)	-0.305** (0.153)	-0.248** (0.118)
性别	0.021 (0.287)	-0.036 (0.286)	0.120 (0.343)
年龄	0.198 (0.582)	0.788 (0.481)	0.351 (0.564)
文化程度	0.183 (0.151)	0.031* (0.018)	0.237* (0.140)
村干部	0.322 (0.367)	0.055* (0.031)	0.082** (0.042)
家庭收入	-0.063 (0.048)	0.046*** (0.015)	0.080*** (0.011)
劳动力	0.071 (0.107)	0.120 (0.087)	0.027 (0.098)
经营规模	0.058** (0.029)	-0.008 (0.014)	-0.002 (0.006)
块均面积	0.140 (0.164)	0.200 (0.138)	0.013 (0.080)
农业收入	0.133 (0.163)	0.101 (0.162)	0.249 (0.154)
农业支出	-0.336* (0.202)	-0.357 (0.319)	-0.011 (0.185)
社会交流	-0.004 (0.111)	0.165 (0.130)	0.069 (0.126)
信息设施	-0.064 (0.125)	0.082 (0.111)	0.232* (0.122)
合作社	0.622** (0.249)	-0.265 (0.246)	0.316 (0.251)
技术服务	0.274 (0.311)	0.594* (0.336)	0.246 (0.265)
政策知悉	0.247** (0.117)	0.157 (0.136)	-0.132 (0.140)

变量	方程 2.1 低水平组	方程 2.2 中水平组	方程 2.3 高水平组
农业项目	0.523* (0.274)	0.322 (0.282)	0.161 (0.354)
地区	已控制	已控制	已控制
Pro>chi^2	0.000	0.000	0.000
Pseudo R^2	0.457	0.427	0.442
样本数	250	268	250

注：*、**和***分别表示在10%、5%和1%的统计水平上显著，括号内为相应系数的标准误。

方程2.1、方程2.2和方程2.3的 Pseudo R^2 依次为0.457、0.427和0.442，三者高于前文中整体回归的四个方程中的任何一个，这在一定程度上说明，通过按照生态经济理性实现程度对农民进行分类，有效提高了回归的拟合效果，可以认为本书的这一分组回归是有必要且合理的。具体分析如下：

5.5.1 生态经济理性视角下生态良知对农民绿色生产行为的影响

生态良知在方程2.1和方程2.2中表现出了明显的影响效应，且系数为正，表明对于低水平和中水平生态经济理性实现程度的农民，生态良知可以显著地促进两类农民进行农业绿色生产。但是生态良知在方程2.3中并未通过显著性检验，说明对于生态经济理性实现程度高的农民而言，生态良知并未表现出明显的影响。可能的解释是，较高生态经济理性实现程度的农民其绿色生产已经具有了生态经济所要求生态利益与经济利益的统一的特征，也就是说，即使农民生态良知并不强，开展农业绿色生产依然是其生态经济理性框架下的最优选择，因此，生态良知在其是否进行绿色生产的决策中发挥的作用不再明显。

5.5.2 生态经济理性视角下经济逐利对农民绿色生产行为的影响

经济逐利仅在方程2.2中在10%水平上表现出了明显的影响效应，系数为负，表明经济逐利将会对中水平生态经济理性实现程度的农民进行农业绿色生产产生抑制作用，但这种抑制在低水平和高水平组并不明显。可能的解释是高水平组的农民追求的不仅是经济收益，还包括自身的生态利益，或者说经济利益在其效用函数中的权重系数相对较小，故而经济逐利在方程 2.3 中的系数并不显著；而对于低水平生态经济理性实现程度的农民而言，可能的原因是绝大多数农民普遍重点关注自我经济利益的实现，因而经济逐利指标在该群体中的影响差异不大，因而未能在模型回归中表现出显著差异。

5.5.3　生态经济理性视角下生态良知和经济逐利对农民绿色生产的交互影响

交互项是本部分重点关注的变量，生态良知与经济逐利的交互项在三个模型检验中都表现出了明显的影响效应，且系数为负。这说明农民的生态良知与经济逐利在农民绿色生产行为发生机制中表现为相互冲突，一方的强化会弱化另一方的影响效应，也可以理解为，生态良知指标有助于抑制经济逐利对农民开展农业绿色生产的不利影响。结合前文中经济逐利指标在高水平组中虽然系数依然为负，但并不显著，这说明在生态经济理性实现程度高水平组中，经济逐利对于农民开展绿色生产的不利影响得到了较为明显的抑制，甚至不排除随着农民生态经济理性实现程度的不断提升，两者存在转化为相互的协调促进的可能。由此，可以认为，随着农民生态经济理性实现程度的提高，农民可逐渐地实现保护生态与追逐经济利益的协调兼顾，这也是生态经济时代的发展要旨所在。

在控制变量方面，不同生态经济理性实现程度的农民，其所受到的控制变量的影响表现出了较为规律的差异。具体而言，低水平组的农民更多地受到了社区条件变量的影响，通过显著性检验的因素主要有合作社、政策知悉和农业项目，此外，成本收益中农业支出对低水平组的农民进行绿色生产具有抑制作用；中水平组和高水平组的农民绿色生产行为则更多地受到了个体特征的影响，主要是文化程度和村干部身份，两者均对两组农民进行绿色生产具有明显的促进作用。此外，家庭收入提高和技术服务改善可显著促进中水平组的农民进行绿色生产，而信息设施的完善对高水平生态经济理性实现程度的农民绿色生产行为表现出了明显的积极效应。

综合来看，随着生态经济理性实现程度的提升，影响农民绿色生产行为的控制变量逐渐由外部的社区条件转化为个体和家庭特征。这也可在一定程度上认为，绿色生产行为随着农民生态经济理性实现程度的提升逐步由外在导向转为内生驱动的决策模式。

第6章　生态经济理性视角下农民绿色生产集体行动的困境与应对

前文分析了农民生态经济理性实现程度现状及其影响因素，进而探讨了其对农民绿色生产行为的影响，并得出相关的结论和解决思路。但是，上述解决思路即便得以实施并发挥完全效果，仍然不能完全实现农业生产的绿色化转型。因为，前文都是围绕着个体对于自我生态利益和经济利益的权衡，即处理的是"人与自然"关系及其对农民行为的影响，而并没有解决资源环境保护的外部性特征带来的"人与社会"关系问题，即个体生态经济理性的提升或实现，并不代表可以完全实现社会层面的生态经济理性，换言之，个体生态经济理性并不必然带来全社会的生态经济理性。针对这一现实问题，有学者认为通过差异化有针对性的激励方式，即选择性激励能够有效应对群体行动被破坏的现实矛盾，实现群体行动的达成。鉴于此，本章将在生态经济理性视角下，系统分析与讨论农民绿色生产集体行动困境的成因、表现和应对思路，并分析实施选择性激励对于实现全面农业生产绿色化转型的意义及其对象、内容、作用机理，从而寻求利用选择性激励促进生态经济发展模式下农业绿色生产转型的可能思路。

6.1　选择性激励理论回顾

6.1.1　缘起与嬗变：集体行动困境

选择性激励的英文原词为 Selective Incentives，从字面意思来看它的含义很明确，就是有差别的有选择的激励手段、方式或者对象（张春娟，2018）。在人们一般的观念中，认为绝大部分时候，一个团体的行动决策都是由多数人决定，有学者却支持完全相反的说法。这种看法并非没有道理，其原因恰恰在于我们每个人都是理性的，由于每个人都是理性的，在一个由多个个体组成的团体中，每一分子都积极争取和谋求自我的极大化利润空间，这就意味着要尽可能多地在这个团体中谋求资源或者福利，但是同时又要避免为这个团体过多地付出，由此问题也就出现了，当这个团体中的一部分人为了团体利益付出乃至牺牲时，他所创造的福利与资源是整个团体中所有人都有权利享用的，其中自然也包括很少甚至从来不为团体做任何贡献的那部分人，即众所周知的"搭便车"现象，这也就是集体行动困境生成的逻辑（刘华云，2014）。由此可以发现，每一个单独的个体理性目标与这些个体所形成的群体的理性目标并不是一致的，甚至是冲突的。

为了应对这种上述困境，实施差异化有针对性、有选择性的激励方式则十分有必要。具体来说就是要对不同类型的受众执行不同的激励手段和激励水平。首先，要明确的是，必须是那些为整个团体有所付出的人才能够享受团体的福利和资源；其次，是对那些为团体利益而付出的人进行额外的和其付出成正比的奖励或者补偿；最后，对于那种对整个团体发展进步没有任何实际增益而又长期免费享受团体福利资源甚至做出有损团体或团体其他成员利益的人，应该进行带有强制性的负向激励，让其付出所应该付出的成本，通过这样的方式，使整个团体之中每一个个体的投入与收益处于良性平衡状态，从而促成人们在群体行动中达成一致（王禹，2014）。这种应对思路在处理人们的资源环境保护行动问题上十分有效，因为选择性激励可以通过明确每一个利益相关者的权利和责任且强制执行，而限制人们无限度追逐自我利润的空间与可能，使资源环境问题外部性引起的"搭便车"或者"大锅饭"问题得到解决（李冬冬和王思博，2018）。

6.1.2　选择性激励理论的应用

事实上，选择性激励理论并非完美且毫无缺点，因为 Olson 所描述的团体行动逻辑对人们追逐自我利润空间的目标给予了太多的关注，使这种逻辑对于现实中存在的公益机构或者宗教信仰组织这一类的群体行动原理难以给出有效的剖析回答，但是对于现实中的很多问题，Olson 的理论依然具有非常广阔的应用空间

（刘华云，2014）。一是分析组织机构层面的行动力问题，Hesterly（1997）分析了为什么大公司会逐步在内部分解成更小、更自治的单位；二是单个个体在群体乃至社会中的行为分析，例如竞赛团体中的奖励设计问题（Nitzan 和 Ueda，2018）、人们的环境保护参与困境（李冬冬和王思博，2018）、农民联合社中的"搭便车"行为（周静和曾福生，2018）以及合作社与农业生产服务供需对接问题等（杨丹和刘自敏，2017）。

6.2 农民绿色生产集体行动困境：生态经济理性视角下个体与集体的冲突

之所以要有针对性地进行差异化激励，其现实依据在于"奥尔森困境"，即个体行动到群体行动跨越的难题。由于公共物品领域"搭便车"现象的存在，个体理性并不必然导致集体理性，这同样适用于农业绿色生产问题。尽管生态经济发展和生态经济理性实现程度的提升会促进农民对于生态利益追求，从而推动其绿色生产，但是仍然必须指出，农民的做法仅仅是为了追逐自己的生态经济利益。而现实中，绿色生产所产生的个体生态经济利益和公共生态经济利益以及所需付出的个体生态经济成本和公共生态经济成本是不具备可分性的。即如果农民选择进行绿色生产以实现自己的生态经济利益，则需要自行支付该绿色生产行为的所有成本，而无法排斥其他人享受这一行为所带来的生态经济利益。由此导致"搭便车"现象的发生，使选择绿色生产行动的农民承担了额外成本而未获得有效补偿，进而缺乏长期持续进行绿色生产的动力。这种农民绿色生产的集体行动难题出现的具体表现有以下几种情形：

6.2.1 情形一：农民绿色生产环境改善效应的"搭便车"行为

农民绿色生产的集体行动困境情形之一是绿色农业生产的生态环境保护效应的"搭便车"行为。此类集体行动困境出现的博弈群体是个体单位和公共单位，或者说私人部门和公共部门。假如某个农民进行绿色生产，则他必须支付该绿色生产行为的全部成本，包括私人成本和社会成本；但是该农民并不能完全获得绿色生产的全部收益，仅能获取其中属于自己的私人生态经济收益部分。因为，绿色生产行为的生态环境保护效应（如农业面源污染防控减少了空气污染）是为全社会所共享的，尽管一个农民绿色生产的生态环境保护效应也许并不十分显著，但却是客观存在的。此时，相当于全社会成员搭乘了绿色生产农民环境保护的"便车"，即享受到了其绿色生产带来的环境改善福利，却没有支付相应的成本。在此情形下，绿色生产农民付出了额外成本而未获取相应的收益或者补偿，自然缺乏持续进行绿色生产的动力。由此导致第一种绿色生产的集体行动困境。实践中，这一情形也较为多见，赵丹（2008）通过对黑龙江省某市九井乡两个村子进行走访调查后发现，农民在生产生活中的土地资源、水资源及肥药施用等方面的污染行为频繁发生，且即使为此付出沉重的经济和健康代价也依然难以彻底改变，其原因就在于，土地、水源等是全体村民的公共产品，每个人都平等地享有使用权利，也难以有效遏制其他个体的过度使用乃至破坏，此时，部分农民的保护行为对于村中资源环境改善的效应反而会被破坏者"搭便车"，由此也导致整个村子的环境保护陷入集体行动困境。

6.2.2　情形二：绿色生态农产品的"劣币驱逐良币"问题

农民绿色生产的集体行动困境情形之二是农民通过生态环保清洁无污染的绿色生产模式种植或者养殖出生态安全的农业供给品。农业绿色生产的生态福利增进效应不仅体现为在生产过程中减少了对于生态资源环境的破坏，还表现在为社会提供了优质的绿色农产品。从绿色农产品的角度来看，仍然存在着可以产生"搭便车"的两组博弈群体。一是不同的农业生产者之间。若要使绿色农产品得到市场的普遍认可，可以实现优质优价（高于传统的非绿色农产品），这就对市场监督管理机制提出了较高要求。但如果缺乏必要的监管和有效的秩序，则在销售和购买中出现有的生产者会"以假乱真"的现象，即以传统农产品假冒生态安全的农产品进行买卖，在此情形下，这批生产者通过这种方式获取了额外收益，事实上是搭乘了按照生态经济标准开展绿色农业生产农民的"便车"。从长期来看，如果假的绿色农产品进入市场，并成功谋取到超额利润，则会有越来越多的农产品生产者选择"以次充好"，陷入"劣币驱逐良币"的困境，必然会扰乱正常的买卖秩序，最终引起连锁反应，生态安全的农产品不能够以合理的价格被销售购买。由此，则绿色农业生产难以持续。二是农业生产者与市场上的农业产品消费者之间。如果生态安全的农业产品不能实现优质优价，即价格无法充分反映其完全的价值，则消费者只支付了较低的成本，而享受到了优质的生态安全农业产品，生产者为此付出了额外的成本，而同样得不到与之相对应的收益回报，自然也会使其绿色生产行动难以为继。由此，则绿色农业生产同样缺乏内在的持续驱动力，从而导致集体行动困境。

现实中，也不乏上述情形的真实案例①。2018年有媒体曝光了绿色有机食品特别是有机蔬菜在生产、认证、销售等环节存在猫腻儿。一些商场超市等将绿色有机菜品和非绿色有机菜品混着卖，部分绿色有机蔬菜种植基地违规施用化肥，甚至一些第三方认证机构"检测证明给钱随意开"，直接导致绿色食品市场乱象丛生，扰乱了绿色农产品的市场秩序，不仅使得真正的绿色有机农产品生产者积极性受挫，也损害了消费者的利益与健康，如不解决此问题，必将造成绿色农产品生产陷入难以为继的局面。

6.2.3 情形三：不同生态经济理性实现程度农民对于绿色生产的成本收益权衡问题

农民绿色生产的集体行动困境情形之三是不同生态经济理性实现程度的农民对于绿色生产的成本收益权衡问题。前文已经论述了不同生态经济理性实现程度的农民之间的差异产生的原因即在于，对于私人成本收益中，生态成本收益和经济成本收益的权衡，通俗地说是对生态利益和经济利益分别赋予多高的权重。对于生态利益偏好较高的农民，自然更愿意进行绿色生产，同时，一般而言，也会先于生态利益偏好较低的农民采取行动。在这种情况下，如果不实行选择性的激励手段，而是采用一般的"大水漫灌"式的补偿方式，则仍然难以促成绿色生产的集体行动。具体而言，生态利益偏好较高的农民在较低的激励水平下（例如较低的补偿额度）即可将绿色生产付诸行动，而生态利益偏好较低的农民则需要

---

① 整理自互联网中青在线新闻报道：http：//news. cyol. com/content/2019 - 01/27/content _ 179029 58. htm。

较高的激励水平。此时，如果对所有农民采用同一激励标准，即不区分农民生态利益偏好程度，也不区分农民的绿色生产行动状态，即已经采取行动、准备付诸行动还是持观望态度，则会造成如下结果：假设补贴定在平均水平（事实上，一般定在平均水平较为可行和常见），对于已经采取行动的、高生态利益偏好而具有低激励期望的农民，补偿的激励作用并不大，因为这部分农民采取行动的原因并不在于是否对其具有激励措施；而对于较低生态经济利益偏好而具有较高激励期望的农民，则补贴因并未达到其预期标准而造成激励无效。由此，不仅农业绿色生产的集体行动没有达成，而且造成了补偿资金的效率损失。

图 6-1 中横坐标代表生态经济理性实现程度，纵坐标代表个体对于农业绿色生产生态补偿标准的预期。按照本章的结果，生态经济理性实现程度越高的农民，其生态补偿标准预期值越低，因此直线 AB 向下倾斜。假设有农民 A 和农民 B，其生态经济理性实现程度观测值分别为 A_2 和 B_2，相应的农业绿色生产生态补偿标准预期分别为 A_1 和 B_1，在实施"大水漫灌"，即非选择性激励的单一生态补偿标准 C_1C 的情况下，这一补偿标准 C_1 对于生态补偿标准预期高于 C_1 的农民（包括农民 A 在内），并不会产生有效的激励效果，此时投放于这些农民身上的生态补偿资金是无效的，其损失总额为矩形 CC_1OC_2；同时，对于生态补偿标准预期低于 C_1 的农民（包括农民 B 在内），有部分生态补偿资金是无须投入的，超额的生态补偿资金也是没有边际效率的，其损失总额为以线段 B_3B 为上底，以 CB_3 和 AB 为腰的不完整梯形的面积。由此可见，不同生态经济理性实现程度的存在会造成"大水漫灌"式的生态补偿产生严重效率损失，并导致农民的农业绿色生产集体行动困境。

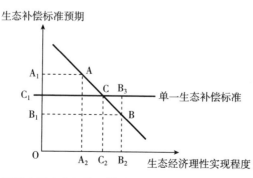

图 6-1　不同农民生态经济理性实现程度与生态补偿效率损失分析

6.3 农民绿色生产集体行动的达成：选择性激励

基于上述分析，可以得出结论，即如果缺乏相应的激励手段或者激励实施不合理，则会造成农民绿色生产的集体行动困境，而这种困境产生的根本原因在于绿色生产的收益分配机制不合理，从而导致农业绿色生产的真实践行者缺乏持续开展的动力。因此，实施选择性激励势在必行。

选择性激励在性质上主要有正面的给予式激励与反面的惩罚式激励，正面的给予式激励主要是实施补贴、补偿或奖励等，反面的惩罚式则对实施对象进行强制性的惩戒或处罚措施。农民绿色生产的集体行动困境主要源自其外部性收益的分配问题，因此，相应的选择性激励措施也应以正向激励为主、负向激励为辅的方式，即针对农民绿色生产集体行动困境的三种情形，采取生态补偿方式激励农民付诸行动并得以持续，同时配合一定的负向激励手段约束其中可能出现的"搭便车"现象。选择性激励之所以可以有效克服农民绿色生产的集体行动困境，其作用途径可以分为以下三个方面：

6.3.1 实现农民绿色生产外部性收益合理分配

选择性激励对农民绿色生产的作用路径之一是实现农民绿色生产外部性收益合理分配。前文分析中，如果绿色生产农民所带来的生态经济福利效应体现为两个方面：一是减少了环境污染，这一收益是全社会所共享的；二是向市场提供了优质的生态安全农业供给品，这使购买这些商品的人从中受益。但是绿色生产的农民承担了包括私人和社会两个方面的所有成本，而如果相应的成本得不到有效补偿，则绿色生产难以持续进行。此时，可以通过选择性激励方式，即针对差异化的人群采取差异化的策略，如对采取绿色生产行为、向市场提供绿色农产品的农民进行相应的补偿，以弥补其额外承担的社会成本；同时必须强化农业生产供给品的销售和购买监管，保证生态安全的农业供给品可以优质优价，并严厉打击销售和购买中"以假乱真"者搭乘生态农产品供给者的价格"便车"。通过一系列类似措施，可以有效实现农业绿色生产的生态经济收益在农民个体与全体社会之间、生产者与消费者之间以及绿色生产农民和非绿色农民之间的合理分配，从而在分配机制上保障农业绿色生产集体行动的达成。

6.3.2　解决农民绿色生产生态补偿的资金来源

选择性激励对农民绿色生产的作用路径之二是解决农民绿色生产生态补偿的资金来源。农民绿色生产可以为社会创造更多生态环境改进福利，因而其激励措施以生态补偿等正向激励为主，但由此产生的一个重要问题是，相应的补偿事实上是一项极为庞大的资金支出，能否获取持续稳定的资金供应，直接决定了农民绿色生产生态补偿是否可持续的问题。选择性激励措施可以有效保障对开展绿色生产农民进行补贴的财物筹措与供应。按照环境的污染破坏者要付出成本和环境的保护者要受到奖励的逻辑，农民进行绿色生产可获得的奖励、补贴或者说是收益，主要来自以下四类群体：一是生态环境污染者，二是环境改进获益者，三是绿色农产品消费者，四是绿色农产品市场破坏者。而实现资金收集的途径主要是政府干预手段和市场价格机制两种，其中，政府将通过对生态环境破坏者和环境改进受益者收取污染税费并对扰乱绿色农产品市场秩序者（如以次充好、以假乱真等）予以罚款等手段，实现政府干预手段的资金获取；而市场上，则通过将生态安全的农产品附加值体现在售价上，使购买的人支付这些农业供给品的生产成本，由此，生态安全农产品生产者可以通过价格机制获得相应的收益补偿，当然，这仍然有赖于政府对市场秩序的有效监管。

6.3.3　提升农民绿色生产生态补偿的激励效率

选择性激励对农民绿色生产的作用路径之三是提升农民绿色生产生态补偿的激励效率。不同生态经济理性实现程度的农民具有不同的补偿预期，即对于同一补偿标准，有的农民可以接受并采取行动，而有的农民则认为标准过低依然不会采取行动。因此，"大水漫灌"或者均一化的激励措施必然难以收到预期的效果。通过实行选择性激励，尽量做到对于激励对象的细化，并制定有针对性的激励措施，可以对不同情况的农民做到"有的放矢"、精准激励，从而提升激励效率。这种根据激励对象具体情况，精准确定补偿标准的效率提升主要表现为：一是避免了对生态经济理性实现程度高而具有低生态补偿期望的农民实行高标准激励所造成的激励资金的浪费；二是避免对生态经济理性实现程度低而具有高生态补偿期望的农民进行低标准激励而导致的激励无效；三是对绿色农业生产的行动者侧重市场价格机制补偿，而对绿色农业生产观望者则应以政府干预手段为主，待其进入绿色农产品市场良性产销循环中后，再转为以市场价格机制为主的补偿模式。由此，可以避免政策性补贴分配途径中的生态补偿资金的无效率或者低效率使用。

6.4　生态经济理性视角下农民绿色生产集体行动困境的应对思路

上述分析论证了在生态经济理性视角下，为实现农民绿色生产的集体行动，实施选择性激励的必要性及其作用的传导路径。具体到如何实施环节，基于选择性激励理论的区分对象、细分激励方式和标准的原则，应当按照以下思路考虑如何将选择性激励理论付诸实施。

6.4.1　明确选择性激励的实施对象

个体生态经济理性与集体生态经济理性之间的冲突所产生的几组博弈群体，均是选择性激励实施的对象。主要涉及：①农业绿色生产的个体农民与社会公众，前者的绿色生产带来环境改善的社会福利，并为后者所享受。②生态安全农业产品生产者和传统农业产品的供给者，前者的行动将形成一个绿色生态农业产品的市场供给和售价，在市场监督不力的情况下，后者存在通过"以次充好"或"以假乱真"的形式获取超额利润的可能。③生态安全农业产品供给者和购买生态安全农业产品的人[①]，前者的行动为市场提供了优质健康的绿色农产品，

---

　　① 尽管农民自己也是绿色农产品的消费者，但这里的分析强调在农产品商品化市场中生产者与消费者的博弈，商品化的农产品生产主要是通过市场交易实现商品价值，因此农民自我供给的现象可忽略不计。

在市场价格不能反映其真实价值的情况下，后者将会获得额外收益。④高生态经济理性实现程度者和低生态经济理性实现程度者，前者具有较低的补偿期望标准，而后者具有较高的补偿期望标准。⑤采用绿色环保方式进行农业生产的行动者和观望者或拒绝者甚至是生态环境污染者，前者已经率先付出成本，而后者的不行动将阻碍农业绿色生产集体行动和绿色农产品市场的形成。上述几组群体都应当是在进行差别性激励时需要重点明确予以区分的几种角色。

6.4.2　确定选择性激励的手段组合

在明确了选择性激励的对象群体划分后，接下来是根据相应的激励对象安排不同激励手段组合。选择性激励在性质上主要有正面的给予式激励与反面的惩罚式激励，且部分激励手段是强制执行的。具体到农民绿色生产等生态资源环境问题方面，正向激励手段主要有补贴、补偿和奖励，负向激励手段主要有税费、罚款等，此外，还有构建有效市场机制通过价格歧视来实现不同群体选择性激励的手段。在具体的实施中，上述几种手段可以通过不同的组合，以充分发挥选择性激励的效力和约束力。对于农业绿色生产个体与社会公众之间，可以分别通过补偿和征税调节两者收益；对于生态安全农业产品供给者和"以次充好"或"以假乱真"的投机销售人，可通过分别补贴和罚款以规范生态安全农业产品销售和购买秩序；对于绿色农产品生产者和绿色农产品消费者则应充分发挥市场机制，通过认证标签等方式，最终以市场价格为载体实现两者的公平交易；对于高生态经济理性实现程度者和低生态经济理性实现程度者，则应充分开展社会调查与评估，实施歧视化的补偿标准，提升补偿效率；农业绿色生产的行动者和农业绿色生产的观望者或拒绝者甚至是生态环境污染者，应通过奖励行动者、补贴观望者和处罚污染者的手段组合，以求得激励手段组合的最优化。

6.4.3　选择有效的选择性激励标准

上述的激励手段实施如果缺少合理而有效的标准，都将使选择性激励无法充分发挥其应有的效果甚至完全无效。事实上，无论是补贴、奖励、补偿抑或是罚款、税费等手段，都是在对农业绿色生产的博弈群体进行收益分配调节，因此，如何使选择性激励标准更加贴近实际或者符合各群体的心理预期则是一个十分关键的问题。这有赖于开展有效的社会调查，从而获取各个参与群体的心理预期及其现实中生态经济理性实现程度。这种预期主要表现为对于农业绿色生产的支付意愿和受偿意愿，即愿意为农业绿色生产付出多少成本，或者在补偿达到什么标准的情况下才愿意将绿色生产付诸行动。在此基础上，根据不同群体，制定差异化的补偿或者税费方案，可以有效提高农业绿色生产生态补偿的选择性激励执行效率，避免激励无效以及激励实施中的资源浪费。

6.4.4　探寻有效的选择性激励保障

考虑到选择性激励实施的部分手段具有强制性，例如征税或罚款等形式有赖于强制性的实施，因此基于上述三个步骤，必须探寻有选择的差别式激励的保证手段。首先是法律法规保障，必须针对农民绿色生产的选择性激励实施中可能出现的非法牟利或者躲避责任等各类行为和现象做出明确而具体的规定，通过法律法规的形式予以颁布实施，确保选择性激励的有效实施。其次是人员组织保障，前文已经提及，选择性激励标准的细化有赖于充分的社会调查，需要培养和组建一批相关的调研队伍，开展科学全面的社会调查，为选择性激励的实施与标准确定提供科学合理的依据。最后是技术手段，应当充分利用现代科技手段，对于数据进行有效处理，对各群体行为进行有效监督，对市场运行进行有效监管，在技术层面进一步规避违法违规行为的发生，例如大数据技术、区块链技术等，都是可以优先考虑并运用的技术选择。

第7章 生态经济理性视角下农民绿色生产的生态补偿标准

第6章分析了实施选择性激励对于农民绿色生产集体行动达成的重要意义及其实施思路，其中提及了确定激励标准的必要性与重要性。基于第6章的研究，本章将重点探讨生态经济理性视角下农民绿色生产的生态补偿标准，探讨生态补偿的意义、评估现阶段农民绿色生产的生态补偿标准并探究生态经济理性实现程度的影响，以期为实践中确定合理补偿标准并在生态经济理性视角下提升生态补偿效率提供些许参考。因此，本章节的意义在于：承接第6章中关于农民绿色生产集体行动困境的成因和应对思路，围绕选择性激励的关键措施——差异化生态补偿进行讨论，重点在于评估合理的农民绿色生产生态补偿标准并分析其可能的影响因素，进而为本书提出以农民绿色生产可持续为目标的激励机制提供依据。

因此，本章按照"绿色生产外部性—农民绿色生产集体行动困境—选择性激励—差异化生态补偿标准—农民绿色生产生态补偿标准评估"的逻辑思路与前后章节相互衔接。

7.1 农民绿色生产生态补偿的缘由

对农民绿色生产的生态价值进行评估并分析其影响因素，从而讨论如何确定相对合理的农民绿色生产补偿标准，以期提升第 6 章提到的选择性激励效率，实现农民绿色生产集体行动。农业绿色生产具有环境改善、资源节约等诸多正向外部性效应，这种外部性必须通过有效的干预手段进行利益调节或成本分摊，从而保证农业绿色生产的行动者利益得到维护或额外成本得到补偿，否则将会使农民绿色生产行动因缺乏持续动力而难以为继。开展生态补偿可以实现外部性的有效调节。

生态补偿标准的确定是以某一行为外部性价值作为依据，实践中涉及生态资源与环境问题，其价值的量化存在诸多困难。通常的做法是开展面向公众的社会调查，通过获取公众对于某一行为的支付意愿或者受偿意愿，来评估这一行为的生态价值。因此，以社会调查为基础的农民绿色生产生态补偿标准评估，事实上是对农民绿色生产的支付期望值或受偿期望值的评估。

7.2　方法选定与介绍

获得可靠的农民绿色生产生态补偿标准评估结果的关键在于方法的挑选得当。纵观既往文献，代表性的生态价值评估方法主要有直接市场法（Direct Marketing Approach）（田刚和蔡博峰，2004）、替代市场法（Surrogate Market Approach）（靳乐山，1999）、假想市场法（Hypothetical Market Method）（徐中民等，2002）。当研究对象是农民绿色生产时，学者大多采用假想市场法。其主要原因在于：与工业活动或野生资源（如原始森林、湖泊等）的生态价值评估相比，农业生产活动的生态价值评估有两个方面的不同：一是农业生产过程是一项人类活动与自然活动交织进行的生产实践，难以严格区分人类活动和自然活动在全部生产环节中所形成的物质量或效应的贡献值；二是绿色生产的人类活动投入成本估计较为简单，但其所创造的环境改善等效应却因农业生产处于一个开放的空间环境而无法或者难以实现严密精准的定量分析，至少现阶段而言，还有待技术层面的鉴定与甄别。因此，选择假想市场法开展农民绿色生产的生态价值评估更为妥当和适宜。

条件价值法（Contingent Valuation Method，CVM）与选择实验法（Choice Experiment，CE）是最受学者青睐的通过假设一个交易情景进行价值评估的方法。两者本质上都是基于在假想市场获得的被调查者支付意愿值或者受偿期望值。条件价值评估法是通过设定不同的条件让受访者回答，并观测在他们心目中的产品或者服务不能进行交易功能方面的价值额度。这种方法被普遍用于公共品的定价，这是因为公共品以非排他、非竞争为特征，在现实的市场中难以给出其价格。条件价值评估法同福利经济学度量福利指数变动的原理相契合，其内涵是基于一个假设的交易情境下，借助预先设定好的问项获取对受访者关于某一产品或服务所愿意付出的货币金额（Willingness to Pay，WTP）或给予什么样水平的补贴才愿意采取行动（Willingness to Accept Compensation，WTA）进行提问。CVM的引导技术通常包括四类，四类引导技术各有优缺点，在实践中可以根据具体情况和需要进行选择。

选择实验法是一种新型的评估非市场价值的陈述偏好技术，受到 Lancasterian Microeconomic Approach 理论启发，认为环境商品效用来自商品属性而不是商品本身。该种方法的理论依据包括随机效用和价值属性等，通过假想市场而不是实际行为反映支付意愿（WTP）。一般步骤如下：

第一步，确定问题。对研究问题进行一般性讨论，获取人们对其的关注和了解水平，问题的属性和方案的选择均可由参与者给出的信息决定。

第二步，属性及属性水平选择。在以往研究和决策中，众多属性中的关键属性确定和属性水平的定性或定量度量将成为选择模型问卷中的重要环节。这一环节主要是将评估问题所带来的影响分为几个属性，并确定每个属性变化的水平，进而在不同属性各水平之间进行排列组合，以生成差异化的多种结果方案。

第三步，选择实验的问卷设计较为复杂，受访者面临复杂的题目经常失去耐心和信心，直接影响实验效果。为此，可借助正交试验，选择代表性样本点进行实验；其目的在于减少实验数量，实现最佳搭配。试验中所考察的属性和状态数不可能完全一致，这时就需要采用混合水平相交表，公式为：实验数＝Σ（水平数−1）＋1。

第四步，模型分析。混合 Logit 统计分析模型可以实现多个方面的目的，一是求取某个方案的入选概率，二是估算某个环境物品的总价值额，三是评估单个或多种物品功能价值的边际变化，在不同功能属性之间进行比较。Mixed Logit 模型的概率分布函数为：

$$P_{ni} = \int \frac{e^{\beta x_{ni}}}{\sum_j e^{\beta x_j}} f(\beta) d\beta \qquad (7-1)$$

参数 β 是随机的（例如其为具有均值 μ 和标准差 σ 的正态分布）。模型参数的具体表达可借助积分模拟最大似然函数得出，进而计算支付意愿。

综合 CVM 和 CE 的异同，本书采用前者评价与估算农民绿色生产的生态补偿标准。主要基于如下三点考虑：一是尽管有观点认为条件价值评估法是依赖于人们的观点，而不是以市场行为作为依据，存在许多偏差。但 CVM 经过不断的完善，已在环境物品价值评估领域广泛运用。National Oceanic and Atmospheric Administration 召集过权威专家对条件价值评估法在测试自然资源的非使用价值或存在价值方面的可行性进行了评估，专家组的报告显示：意愿调查法的参考价值是可以被认可的。

二是选择实验法的关键环节，即确定属性及水平组合对于绿色农业生产并不完全适用。一般消费市场上的消费品不同的属性可以进行自由组合，例如，一款蛋糕可以分为口感和颜色两种属性，其中口感有 A 和 B 两种，颜色有 C 和 D 两种，在此情形下，口感 A 和口感 B 可以与颜色 C 和颜色 D 进行任意组合，产生口感为 A 颜色为 C 的蛋糕 1，口感为 A 颜色为 D 的蛋糕 2，口感为 B 颜色为 C 的蛋糕 3，口感为 B 颜色为 D 的蛋糕 4。但是，这对于绿色农业生产行为却不适用。开展与不开展绿色生产行为，其导致的结果一般是相对固定的，比如现阶段，开展绿色生产，必然带来农业生产过程中污染的减少和作物产量的变化，而在既定技术水平和自然气候等条件下，其具体污染减少和作物产量变化的量一般也存在着一定的数值，并不能进行任意水平的排列组合。因此，选择实验法所要求的商品不同属性的自由组合在操作中难以有效得到实施和操作。

三是条件价值评估方法的应用条件有如下几条：①环境变化对市场产出没有直接的影响。②没有办法在实际交易中观察人们的选择偏好。③样本群体典型，好奇且了解研究问题。④有充足的资金、人力和时间进行研究。农民绿色生产的环境改善效应等并不会直接影响其农业生产，而这种生态环境增益也确实很难直接通过市场获得人们的偏好信息。同时，本书将农业绿色生产的被调查对象确定在农民中，保证了样本人群对于研究问题较为了解且又感兴趣。下文将对调查的设计与施行进行具体说明。结合上述分析，本书更适宜采用条件价值评估方法。

7.3　问卷与访谈设计

意愿调查法的具体实施手段是问卷，因此，合理规划问卷内容能够有效地减小偏差。Mitchell 和 Garson（1989）指出，一份意愿调查法的问卷大多包含如下几个方面：一是详述被评估物品以及背景资料；二是了解受访者是否愿意为了被评估对象付出金钱；三是获悉受访者在社会经济方面的特点。Fischoff 和 Furby（1988）指出，一份完备的调查问卷需涵盖环境物品、支付工具和评价背景。Arrow 等（1993）认为，调查结束后，应请求受访者用数值表达他们对问卷的理解，以此来明晰问卷设计有效与否。参照条件价值评估法的设计原理和相关研究，在调查问卷设计方面，针对相应的问题设计将会涉及以下三个主要方面：一是被调查农民在个体、家庭和村庄基本条件等方面的特点，例如农民的性别、受教育年限、年龄等，家庭收入、劳动力数量、经营规模等，以及其所在村的供水供电设施、农业技术服务等情况。二是支付意愿（WTP）。首先询问农户"是否愿意出钱雇人帮您进行绿色生产？"若受访农民回答"不愿意"，则回答结束，若回答"愿意"，则进一步询问"您至多愿意出多少元/亩·季？"可选项有"A：1~10 元；B：11~20 元；C：21~30 元；D：31~40 元；E：41~50 元；F：51~60 元；G：61~70 元；H：71~80 元；I：81~90 元；J：91~100 元；K：其他（填出具体值）"。三是受偿意愿（WTA）。首先询问农户"如果给您补贴，让您雇人进行绿色生产是否愿意？"若受访农民回答"不愿意"，则问答结束，若回答"愿意"，则进一步询问"您觉得至少补贴多少元/亩·季才行？"可选项有"A：1~10 元；B：11~20 元；C：21~30 元；D：31~40 元；E：41~50 元；F：51~60 元；G：61~70 元；H：71~80 元；I：81~90 元；J：91~100 元；K：其他（填出具体值）"。

在具体的调查实施阶段，课题组对每位参与调查的队员都进行了问卷内容和技巧的培训。在此基础上，在对每一位被调查农民开始访谈时，调查员都会首先向被调查农民介绍本次调研的目的主要是用作学术研究，且相关内容绝不会用作其他用途，同时也会向农民先大致介绍问卷调查的主要内容，尤其是重点介绍农业绿色生产的背景、含义和主要方式等，并明确指出一些常见的农业绿色生产行为。此外，为了保证农民可以配合调查员的访谈，提供更为真实的答案，课题组为每一位被调查农民准备了 20 元的误工补贴（或同等价值的小礼品），以尽量保证访谈的顺利进行并获取完整而真实的信息。最后，为了了解受访农民的真实态度，在上述访谈结束后，调查员会询问受访者"对于上述'支付意愿''受偿意愿'的调查，您所选择支付金额（或受偿金额）的确定性程度如何？"确定性的度量采用打分制，一分一档，满分为 10 分，1 表示"非常不确定"，10 表示"非常确定"，从而再一次综合考量被调查者答案的准确性与可靠性。具体的调查开展与样本情况在第 4 章已交代，在此不作赘述。

7.4　农民参与农业绿色生产的生态补偿标准评估结果

7.4.1　农民绿色生产支付意愿和受偿意愿的水平分布

为使统计结果更为直观，根据统计学的合理性，本章选取支付水平区间的中间值来替代各区间农户的支付意愿水平。样本农民对于绿色生产的支付意愿和受偿意愿水平分布如表 7-1 所示。

表 7-1　样本农民 WTP 和 WTA 水平分布情况

支付意愿水平（元/亩·季）	绝对频次	相对频率（%）	调整频率（%）	受偿意愿水平（元/亩·季）	绝对频次	相对频率（%）	调整频率（%）
5	51	6.64	15.45	5	25	3.26	4.40
15	38	4.95	11.52	15	38	4.95	6.69

续表

支付意愿水平 （元/亩·季）	绝对频次	相对频率 （%）	调整频率 （%）	受偿意愿水平 （元/亩·季）	绝对频次	相对频率 （%）	调整频率 （%）
25	32	4.17	9.70	25	41	5.34	7.22
35	18	2.34	5.45	35	28	3.65	4.93
45	43	5.60	13.03	45	84	10.94	14.79
55	19	2.47	5.76	55	41	5.34	7.22
65	5	0.65	1.52	65	12	1.56	2.11
75	19	2.47	5.76	75	31	4.04	5.46
85	8	1.04	2.42	85	13	1.69	2.29
95	71	9.24	21.52	95	184	23.96	32.39
其他	26	3.39	7.88	其他	71	9.24	12.50
愿意	330	42.97	100.00	愿意	568	73.96	100.00
拒绝	438	57.03	—	拒绝	200	26.04	—
总计	768	100.00	—	总计	768	100.00	—

在768个有效样本中，有438人对雇人进行绿色生产没有支付意愿，具有支付意愿的为330人，占比为42.97%。在具有支付意愿的农户中，各个支付水平均有分布。其中，91~100元的农户比例最高，占比为9.24%；次高区间和第三高区间急剧下滑到1~10元和40~50元，占比分别为6.64%和5.60%，第四高区间为11~20元，占比为4.95%，其他支付意愿区间则更低，而选择"其他"支付意愿水平的农民占比为3.39%，其中，最低的为120元，最高的为200元，平均值为180元。由此可见，拒绝为绿色生产支付金钱的农民仍然是多数，但愿意支付金钱进行绿色生产的农民中，支付意愿的水平较高。然而，尽管如此，必须指出的是，根据实地调研了解到，91~100元恰恰是目前包含秸秆还田在内的收割服务价格，考虑到近年来秸秆还田得到政府的大力推广，故而成为农民最为常见的绿色生产方式。因而有理由怀疑，在某种程度上，或许是现实的价格给农户形成了一定的参照效应，干扰了农户真实投资意愿的形成与表达（张童朝等，2017）。如果不考虑91~100元区间，占比最高的则成了1~10元区间。

在受偿意愿方面，在768个有效样本中，有200人表示即使有补贴的情况下，仍然拒绝雇人进行绿色生产，占比为26.04%，而愿意在有补贴的情况下进行绿色生产的农民为 568 人，占比为 73.96%。表现出受偿意愿的农民分布在各个受偿意愿水平区间。其中，91~100 元的农户比例最高，高达 23.96%，但是，次高区间为 41~50 元，占比为 10.94%，值得注意的是，选择"其他"受偿意愿水平的农民也占到了总数的 9.24%，这部分农民的受偿意愿最低为 150 元，峰值高达 2000 元，受偿意愿的众数是 200 元。由此可见，在有补贴的前提下，绝大多数农民愿意开展绿色生产，尽管有极少数农民出现了"漫天要价"的情况，但是整体分布来看，农民所要求的补贴水平契合现实生产成本。

综合比较农民的支付意愿和受偿意愿，其分布的特点有两处：一是发放补贴的形式下，农民愿意开展绿色生产的比例远远高于自我支付的情形；二是受偿意愿的高水平区间农民比例普遍高于支付意愿中的农民比例，在低水平区间则普遍低于支付意愿。

尽管如此，是否表明上述支付意愿或者受偿意愿满足的条件下，农民一定会将绿色生产付诸行动呢？受访农民对于自我回答的确定性程度打分分布如表 7-2 所示。在确定性程度方面，30.99% 的农民给出 8 分，占比最高，其次是 10 分和 9 分，占比分别为 19.79% 和 14.84%。再次是 7 分、6 分和 5 分，占比依次为 12.63%、9.64% 和 6.38%。1~4 分比例极低，这表明大多数农民对自己的选择具有较高的把握，也就是说，如果达到相应的补贴条件或者相关成本足够低，农民会将绿色生产付诸行动。

表 7-2　农民对于自我选择的确定性程度分值分布

确定性程度分值	1	2	3	4	5	6	7	8	9	10	合计
频数	9	9	9	17	49	74	97	238	114	152	768
频率（%）	1.17	1.17	1.17	2.21	6.38	9.64	12.63	30.99	14.84	19.79	100.00

7.4.2　农民绿色生产支付意愿和受偿意愿水平的限度估算

农户对绿色生产的平均支付意愿或受偿意愿水平上限估计公式为：

$$E(WTP)_{上限} = \sum_{i=1}^{n} P_i A_i \tag{7-2}$$

其中，i（i=1，2，…，n）表示第 i 个受访农民，A_i 表示农户选择第 i 个支付或受偿意愿水平，P_i 表示该农民选择第 i 个支付或受偿意愿水平的概率，用选择第 i 个支付或受偿意愿水平的农户数量占样本总数的比例表示。

相应地，农民对绿色生产的平均支付或受偿意愿水平下限估计公式为：

$$E（WTP/WTA）_{下限}＝E（WTP/WTA）_{上限}×具有支付或受偿意愿的农户数量占样本总数的比重 \tag{7-3}$$

根据公式（7-2）和公式（7-3），结合表 7-1 数据可得，单个样本农民进行绿色生产的支付意愿水平的上限是 22.83 元/亩·季，相应的下限为 22.83×42.97%＝9.81 元/亩·季。相应地，其受偿意愿水平的上限为 58.11 元/亩·季，下限为 58.11×73.96%＝42.98 元/亩·季。

7.4.3 农民生态经济理性实现程度与绿色生产支付和受偿意愿交叉分析

为探究农民生态经济理性实现程度与支付和受偿意愿的关系，按照第 4 章中基于农民生态经济理性实现程度水平和结构视角的分类，本书分别统计了农民支付和受偿意愿情况，结果如表 7-3 和表 7-4 所示。就农民生态经济理性实现程度水平角度而言，在高程度型农户中，具有投资意愿的农民比例为 40.66%，平均的投资意愿水平为 9.38~23.08 元/亩·季，而这两个数字在低程度型农民中仅为 45.05% 和 11.92~26.46 元/亩·季。由此来看，似乎高程度型农民的平均支付意愿水平不如低程度型农民，但值得注意的是，在高程度型农民中，选择 100 以上支付意愿的人数少于低程度型农民，而本书对于做出这一选择的农民统一使用平均值 180 作为计算标准，因此有可能是极高值的过多出现，导致低程度型农民的平均水平高于高程度型农民。从结构类型方面来看，知识型农民中愿意投资农业绿色生产的比例最高，为 45.91%，其具有最高的平均支付意愿水平区间为 11.67~25.41 元/亩·季，其次是观念型农民，两个数字分别为 43.20% 和 10.97~25.40 元/亩·季；行为型农民中具有农业绿色生产支付意愿的比例最低，仅为 40.60%，其支付意愿的区间为 9.59~23.61 元/亩·季，也是三类农民中的最低水平。

表7-3 农民绿色生产支付意愿与生态经济理性实现程度交叉分析结果

分组类别	样本农户数	愿意投资		支付意愿水平均值（元/亩·季）	
		频次	频率（%）	下限	上限
低程度型	404	182	45.05	11.92	26.46
高程度型	364	148	40.66	9.38	23.08
观念型	375	162	43.20	10.97	25.40
知识型	159	73	45.91	11.67	25.41
行为型	234	95	40.60	9.59	23.61

表7-4 农民绿色生产受偿意愿与生态经济理性实现程度交叉分析结果

分组类别	样本农户数	具有受偿意愿		受偿意愿水平均值（元/亩·季）	
		频次	频率（%）	下限	上限
低程度型	404	306	75.74	45.34	59.86
高程度型	364	262	71.98	40.42	56.15
观念型	375	269	71.73	38.71	53.96
知识型	159	118	74.21	41.08	55.35
行动型	234	181	77.35	51.53	66.62

由表7-4可知，就农民生态经济理性实现程度水平角度而言，在高程度型农户中，具有农业绿色生产受偿意愿的比例为71.98%，平均的投资意愿水平为40.42~56.15元/亩·季，而这两个数字在低程度型农民中为75.74%和45.34~59.86元/亩·季。从结构类型方面来看，行为型农民中具有农业绿色生产受偿意愿的比例最高，为77.35%，其具有最高的平均受偿意愿水平区间：51.53~66.62元/亩·季，其次是知识型农民，两个数字分别为74.21%和41.08~55.35元/亩·季；在观念型农民中，具有受偿意愿的占比最低，仅为71.73%，其支付意愿的区间为38.71~53.96元/亩·季，也是三类农民中的最低水平。

7.5　生态经济理性实现程度对农民绿色生产支付意愿和受偿意愿的影响

7.5.1　理论分析与研究假说

（1）生态经济理性视角下的农民绿色生产支付意愿和受偿意愿内涵。生态经济理性概念的内涵在于综合了生态与经济理性的分析原则，既考虑到了私人的生态利益，又考虑到了个体经济利益。基于生态经济理性视角，农民绿色生产的支付意愿和受偿意愿的本质内涵，事实上是反映了被调查对象对于绿色生产行为的成本收益权衡[①]。按照生态经济理性的内涵，理论上，个体只会关注私人成本和收益（包括生态和经济两个方面），并不会关注私人以外的成本收益问题。在此基础上，如果农民愿意为农业绿色生产支付费用，这是基于能够获得相应的私人生态经济收益的前提。由于在询问被调查者农民对于绿色生产的支付意愿时，是以农民愿意支付的最高水平为标准的，因此可以认为，这一支付意愿事实上代表了农民对于农业绿色生产行为可以获得的私人生态利益与经济收益之和的最高值。而绿色生产的受偿意愿则正好与支付意愿相对应。众所周知，对个体的绿色生产行为进行补偿的目的就在于弥补行动者开展绿色生产所额外承担的社会生态经济成本。在调查中，一般也是询问被调查者对于农业绿色生产的受偿意愿的最低值，因此，在这个基础上，个体绿色生产受偿意愿水平值可以理解为其对于绿色生产额外成本的最低估计值。

（2）生态经济理性实现程度对农民绿色生产支付意愿的影响。生态经济理性实现程度是一个综合了个体生态经济理性观念、知识和行为等多方面特征的综

合指标，代表了个体的观念、知识和行为可以在何种程度上贴近或者符合生态经济理性的决策结果。因此，生态经济理性实现程度必然会影响到个体对于农业绿色生产的成本收益权衡。理论上而言，生态经济理性实现程度高的农民，对于生态利益具有更高的偏好，在权衡中会被赋予更高的权重，从而对自己的生态利益具有更高的预期，最终也会获得更高个体生态经济收益预期。而农民的支付意愿本质上是其对农业绿色生产的生态经济成本付出意愿，而成本的付出意愿则决定于收益的预期。在个体对农业绿色生产具有较高的私人生态经济收益预期的基础上，自然会具有更高的支付意愿。因此，生态经济理性实现程度的提升或将促使农业生产者更愿意为绿色农业生产方式付费。据此，本章提出假说1。

假说1：农民生态经济理性实现程度的提升会正向影响其农业绿色生产的支付意愿水平。

（3）生态经济理性实现程度对农民绿色生产受偿意愿的影响。农民的绿色生产受偿意愿是农民对于自己在开展农业绿色生产时所额外付出的生态经济成本，也就是社会生态经济成本的估计值。这一部分成本与私人生态经济成本构成了农民开展农业绿色生产的总成本。而实践中，一般一项绿色生产行为所需付出的总成本，无论是货币形式、时间形式抑或其他形式，基本是较为固定的。在此前提下，个体对于农业绿色生产社会生态经济成本的估计则取决于其对于私人生态经济的成本付出意愿。前文中已经分析得出，生态经济理性实现程度较高的农民具有更高的私人生态经济成本支付意愿，由此，其对于社会生态经济成本估计值则会较低，即在总成本变化不大的前提下，生态经济理性实现程度较高的农民对于自身在绿色生产行动中额外承担的社会生态经济成本具有较低的估计值，其受偿意愿水平也不高。由此，可以认为，生态经济理性实现程度较高的农民可以接受在较低的补偿标准下开展绿色生产。但必须指出的是，这里需要区分的一个细节在于，在有补贴的情况下（无论补贴标准是多少），生态经济理性实现程度较高的农民开展农业绿色生产的概率都会高于低生态经济理性实现程度的农民，但是，具体到受偿意愿水平问题，高生态经济理性实现程度的农民往往具有较低生态补偿标准预期。据此，本章提出假说2。

假说2：生态经济理性实现程度的提高，会提高农民在有补贴前提下开展农业绿色生产的概率，但负向影响其农业绿色生产的受偿期望值。

7.5.2　方法选择与变量设定

农民具备农业绿色生产的支付或者受偿意愿与否属于0-1变量，适宜应用二元 Probit 模型。第3章已对具体的模型设定进行说明，在此不作过多陈述。而农民的具体农业绿色生产支付意愿或受偿意愿水平问题则较为不同，其最低水平为0，即农民不愿意支付或接受补偿，但农民的最高支付意愿或受偿意愿水平并没有上限值，这种分布适合采用 Tobit 模型进行实证检验。但是，在本章中，关于农民绿色生产受偿意愿水平的分析中，个体生态经济理性实现程度对于农民的影响有着特殊性，即对于农民是否愿意在有补偿的情况下开展绿色生产的影响是正向的，但是对于其生态补偿的预期值影响是负向的，所以，如果采用 Tobit 模型进行检验，则难以区分这种特殊的变化。为此，本书拟采用二元 Probit 模型检验生态经济理性实现程度对于农民（是否具有）绿色生产支付意愿和受偿意愿的影响，然后采用 Ordered Probit 模型检验生态经济理性实现程度在农民绿色生产支付意愿水平和受偿意愿水平中的作用。其中，二元 Probit 模型已在前文中作过说明，多元有序 Probit 模型的基本形式为：

$$y^* = \alpha ST + \delta X + \varepsilon \tag{7-4}$$

其中，y^* 表示不可观测的潜变量，ST 表示农民生态经济理性实现程度观测值，X 表示控制变量，α、δ 表示待估系数，ε 表示扰动项。可观测的农民绿色生产支付或者受偿意愿水平 y 和不可观测的潜变量 y^* 之间存在以下关系：

$$Y = \begin{cases} 0, & \text{若 } Y^* \leqslant r_0 \\ 1, & \text{若 } r_0 < Y^* \leqslant r_1 \\ 2, & \text{若 } r_1 < Y^* \leqslant r_2 \\ 3, & \text{若 } r_2 < Y^* \leqslant r_3 \\ \vdots \\ 11, & \text{若 } Y^* > r_{10} \end{cases} \tag{7-5}$$

其中，r_0、r_1 为 y^* 的切点，且 $r_0 < r_1$。因变量 y 的取值由潜变量 y^* 与切点的关联决定。由此得到农民对绿色生产愿意支付或接受补偿值为：0，1，2，3，…，11 的概率如下：

$$P\ (Y=0\mid X)\ =P\ (Y^*\leqslant r_0\mid X)\ =\frac{1}{1+\exp\ (r_0-X\beta)}$$

$$P\ (Y=i\mid X)\ =P\ (r_{i-1}<Y^*\leqslant r_i\mid X)\ =\frac{1}{1+\exp\ (r_i-X\beta)}-\frac{1}{1+\exp\ (r_{i-1}-X\beta)};$$

$$i=1,\ 2,\ 3,\ \cdots,\ 10$$

$$P\ (Y=11\mid X)\ =P\ (Y^*>r_{10}\mid X)\ =1-\frac{1}{1+\exp\ (r_3-X\beta)} \tag{7-6}$$

模型参数由极大似然估计法求得。

前文已经提到，根据提升条件价值评估法估计精度的建议，本书在对样本农民进行农业绿色生产的支付意愿和受偿意愿访问的同时对其个人特征、家庭情况和地区状况进行了了解，这些都将影响农民绿色生产支付意愿和受偿意愿。参考相关研究，本书选取了如下变量作为模型回归的控制变量，从而更好地考察生态经济理性实现程度对于农民绿色生产支付意愿和受偿意愿的影响。

个体特征变量包括性别、年龄、文化程度、健康状况和兼业等。一般而言，农村性别分工仍是男性负责对外事务、女性负责家庭内部事务，男性由于经常与外界接触，信息来源广，也更富于尝试新的事物，因此，相比于女性，男性更愿意在农业绿色生产上支付或接受补偿。在年龄方面，研究发现，随着年龄的增长人体各项机能，如肌肉强度、有氧代谢能力、灵活性等都会不断下降（Mazzeo 和 Tanaka，2001；Bosek 等，2005）。在知识技能方面，在生命周期中，人的认知能力是随年龄增长逐渐下降的（Verhaeghen 和 Salthouse，1997），随着年龄增长，人的思维容易固化，对新事物的好奇与尝试动机不强；此外，生命周期理论观点认为，随着年龄的增加，劳动力供给能力的变化曲线为先增后减的倒"U"形，同时伴随着老年人体力下降、知识老化，且风险偏好系数下降（姜向群和刘妮娜，2013；Binswanger，1980），因而年轻农民比年老农民有着更进步的生产方式，更易采用新设施、新机械（Ban 和 Den，1957；Carlson 和 Dillman，1988），这主要在于老年劳动力信息处理及创新能力弱，农业投入能力有限（李旻和赵连阁，2009），加之我国年龄大的农民多有过苦日子的经历，对费用支出更为抵触，因此，年龄可能会阻碍农民支付绿色生产费用与受偿意愿。

在文化程度方面，文化程度较高的农民具备更良好的学习能力，更容易获取和应用新知识，同时更多的信息获取也会增强其对农业绿色生产的了解，从而更愿意为农业绿色生产支付或在较低的补贴水平下开展绿色生产。

在健康状况方面，尽管部分农业生产作业能够使用机械替代人工，但身体条件依然是农业持续生产的关键基础，因此，身体健康状况好的农民具有稳定的农业从业预期，更加关注农业可持续发展；同时，健康状况不好的农民可能会面临较多医疗费用支出，而挤占农业投资，降低其农业绿色生产的支付意愿和受偿意愿，因此，农民的健康状况越佳，其支付绿色生产费用和接受绿色生产补偿的意愿越高。

在兼业方面，兼业对于农民的农业生产，特别是以绿色生产为代表的可持续农业生产的影响存在着正向和负向两个方面，一方面可以通过增加收入、拓展信息来源增强其农业绿色生产支付或受偿意愿；另一方面，兼业可能会降低农民对于农业的依赖度，更加在意农业生产的短期回报，从而阻碍其为农业可持续发展做出行动。

在家庭特征方面，本书选取了家庭年净收入和收入稳定性、经营规模和块均面积和以社会交往与人际信任为表征的社会资本变量。家庭收入在影响农民支付绿色生产费用和接受绿色生产补偿上的作用重大，收入的增加会增强农民的支付能力，因而具有更高的支付意愿，或者能在较低的补贴水平下，开展绿色生产。有研究发现，收入较高的农户可以更好地在绿色生产中获得经济报酬；而收入稳定性无疑是农民开展持续投资于农业绿色生产的有力保证（Baland 和 Platteau，1998；Ruttan，2008）。耕地经营规模和块均面积直接影响了农民开展农业绿色生产的成本，特别是秸秆还田、测土配方等，经营面积过小或者土地细碎化严重，无疑会增加作业成本，从而阻碍农民开展农业绿色生产（李卫等，2017；徐志刚等，2018；纪月清等，2017）。社会资本是家庭资本禀赋的重要内容，已有大量研究证实了社会资本在农村社会生态中的特殊作用，认为社会资本既可限制掠夺性的利己行为，又可激励人们从事公共事务（Bourdieu，1985；Putnan，1993；Luhmann，1979；Gouldner，1960；张翠娥等，2016），而在农民绿色生产中，社会资本也具有明显的促进效应（颜廷武等，2016）。

在社区特征方面，本书选取了本村供水情况、信息设施、社会保障状况和技术服务四个方面，基本上涵盖了农业生产、农村社会和农民生活三个方面。村级供水是农村居民进行农业生产与日常生活的关键硬件设施（杨志海，2018），农业生产活动对水源灌溉依赖度极高，良好的供水设施不仅有利于改善农业生产条件，也有助于提升农民的生活水平，从而有益于农业从业人员更好地开展绿色生产。在互联网时代，信息化方面的影响至关重要，不可否认，互联网的信息传播速度和广度正在随着其深入到农村家庭而极大凸显，这将通过信息传播、技术指导和问题反馈等（黄腾，2018），促进农民增强农业绿色生产意识，强化推动其绿色生产支付愿意或受偿意愿。社会保障则直接影响农民生活水平，使农民可以更好地应对自身或者家庭的养老风险、生病风险等，社会保障满意度高表明农民生活状态更好，因而也更加注重自身健康与生态环境，从而更具有绿色生产意愿。技术服务是作用绿色生产开展的直接因素，良好的技术指导既可以降低农民开展绿色农业生产的难度，又可以提升绿色生产效果，从而起到良好的示范效应（Cunguara 和 Darnhofer，2011；Kassie 等，2013），因此，农业技术服务可以有效增强农民开展绿色生产的意愿。此外，考虑到更大范畴的自然差异、经济差异和政策差异，本书还将样本按照鄂东地区、鄂中地区和鄂西地区进行了分组，并以鄂中地区为参照，设定了虚拟变量，以控制上述差异的潜在影响，提升回归的稳健性。具体的变量设定如表7-5所示。

表7-5　变量设定与赋值说明

变量	赋值说明
因变量	
支付意愿	拒绝=0；愿意=1
支付意愿水平	1~10 元=1；11~20 元=2；21~30 元=3；31~40 元=4；…；81~90 元=9；91~100 元=10；其他更高数值=11
受偿意愿	拒绝=0；愿意=1
受偿意愿水平	1~10 元=1；11~20 元=2；21~30 元=3；31~40 元=4；…；81~90 元=9；91~100 元=10；其他更高数值=11
确定性	受访农民对自己选择的确定性程度，由低到高赋值为 1，2，3，…，10
关键变量	
生态经济理性实现程度	使用第 4 章的测算结果

续表

变量	赋值说明
个体特征	
性别	女 = 0；男 = 1
年龄	20 岁及以下 = 1，21 ~ 40 岁 = 2，41 ~ 50 岁 = 3，51 ~ 65 岁 = 4，66 岁及以上 = 5
文化程度	不识字或识字很少 = 1；小学 = 2；初中 = 3；高中或中专 = 4；大专及以上 = 5
健康状况	非常差 = 1；比较差 = 2；一般 = 3；比较好 = 4；非常好 = 5
兼业	无兼业 = 0；有兼业 = 1
家庭特征	
收入	农民家庭年净收入（万元）
收入稳定性	您家每年收入是否稳定：
经营规模	实际经营耕地面积（亩）
块均面积	家中经营耕地的块均面积（亩/块）
社会交往	您与亲朋邻里聊天交流：从来没有 = 1；较少 = 2；一般 = 3；较多 = 4；经常 = 5
人际信任	您对朋友邻居：非常不信任 = 1；不太信任 = 2；一般 = 3；比较信任 = 4；非常信任 = 5
社区特征	
供水情况	对本村供水状况：按满意度由低到高分别赋值为 1、2、3、4、5
信息设施	对本村宽带网络设施：按满意度由低到高分别赋值为 1、2、3、4、5
社会保障	对本村社会保障：按满意度由低到高分别赋值为 1、2、3、4、5
技术服务	本村有无技术指导人员或机构：无 = 0；有 = 1
地区虚拟变量	
鄂西地区	恩施 = 1；其他 = 0
鄂东地区	黄石 = 1；其他 = 0

7.5.3　实证分析结果

本部分采取如下回归策略对研究假说进行验证：先是以农民的绿色生产支付意愿为被解释变量，以生态经济理性实现程度等为解释变量进行二元 Probit 回归，得到方程 1，再以农民的绿色生产支付意愿水平为被解释变量，以生态经济理性实现程度为解释变量，进行有序 Probit 回归，从而得到方程 2。同样地，分别以农民受偿意愿和受偿意愿水平为被解释变量，依次得到方程 3 和方程 4。最后，以农民对自己选择的确定程度为被解释变量，得到方程 5。相应地，验证的思路为：若在方程1与方程2中，生态经济理性实现程度的系数为正，则假说1得证；若生态经济理性实现程度的系数在方程3中为正，在方程4中为负，则假说2得证；而方程5是为了检验生态经济理性实现程度对农民绿色生产支付与受偿意愿选择的确定性程度的影响。具体的结果如表7-6所示。

表7-6　模型回归结果

因变量	方程1	方程2	方程3	方程4	方程5
	支付意愿	支付意愿水平	受偿意愿	受偿意愿水平	确定性
	系数 （标准误）	系数 （标准误）	系数 （标准误）	系数 （标准误）	系数 （标准误）
生态经济理性 实现程度	0.468 (0.361)	0.604* (0.343)	0.547** (0.271)	-0.238* (0.127)	0.498** (0.211)
性别	0.143 (0.127)	0.318* (0.174)	-0.160 (0.138)	-0.216* (0.121)	0.179* (0.100)
年龄	-0.112** (0.056)	-0.039 (0.074)	-0.053 (0.064)	0.194*** (0.053)	0.039 (0.047)
文化程度	0.055 (0.057)	0.657*** (0.067)	0.027 (0.066)	-0.154*** (0.054)	-0.038 (0.047)
健康状况	0.137*** (0.052)	-0.039 (0.066)	0.140*** (0.052)	-0.054 (0.048)	0.057 (0.041)
兼业	-0.442*** (0.114)	0.490*** (0.141)	-0.013 (0.117)	0.105 (0.097)	-0.017 (0.086)
收入	0.005 (0.008)	-0.006 (0.007)	-0.004 (0.008)	0.007 (0.006)	0.033* (0.017)
收入稳定性	0.141*** (0.052)	0.054 (0.066)	0.189*** (0.055)	-0.412*** (0.046)	0.046 (0.044)
经营规模	-0.003 (0.002)	0.004 (0.003)	-0.001 (0.002)	-0.002 (0.002)	0.003 (0.002)
块均面积	0.013 (0.023)	0.048 (0.032)	-0.007 (0.030)	-0.006 (0.019)	0.034 (0.022)
社会交往	0.100*** (0.032)	0.157*** (0.042)	-0.073 (0.141)	-0.064** (0.030)	0.540*** (0.035)
人际信任	-0.043 (0.061)	-0.023 (0.082)	-0.157** (0.068)	0.143** (0.058)	0.224*** (0.051)

续表

因变量	方程 1	方程 2	方程 3	方程 4	方程 5
	支付意愿	支付意愿水平	受偿意愿	受偿意愿水平	确定性
	系数 （标准误）	系数 （标准误）	系数 （标准误）	系数 （标准误）	系数 （标准误）
供水情况	-0.040 （0.042）	0.003 （0.052）	-0.016 （0.046）	-0.070 （0.049）	0.307*** （0.033）
信息设施	0.036 （0.051）	0.243*** （0.063）	0.109** （0.052）	-0.024 （0.045）	0.097** （0.041）
社会保障	0.237*** （0.055）	0.049 （0.064）	-0.128 （0.160）	-0.132*** （0.049）	-0.103 （0.143）
技术服务	0.191* （0.109）	0.097 （0.139）	0.840*** （0.137）	0.132 （0.100）	0.070 （0.090）
地区	已控制	已控制	已控制	已控制	已控制
Pseudo R^2	0.213	0.196	0.215	0.111	0.185
Prob>chi^2	0.000	0.000	0.000	0.000	0.000
观测数目	768	330	768	568	768

注：*、**和***分别表示在 10%、5% 和 1% 的统计水平上显著。

（1）生态经济理性实现程度对农民绿色生产支付意愿的影响。表 7-6 中，生态经济理性实现程度变量在方程 1 和方程 2 中的系数为正，并在方程 2 中通过了 10% 水平上的显著性检验。这意味着在其他条件不变的情形下，生态经济理性实现程度在促进农民绿色生产支付意愿上的作用并不明显，但是，生态经济理性实现程度的提高却可以显著提升农民对绿色生产的支付意愿水平。由此验证了前文的假说 1，即生态经济理性实现程度较高的农民具有更高的绿色生产支付意愿。

（2）生态经济理性实现程度对农民绿色生产受偿意愿的影响。表 7-6 中，生态经济理性实现程度变量在方程 3 和方程 4 中分别通过了 5% 和 10% 水平上的显著性检验，但是在方程 3 中，其系数为正，而在方程 4 中，其系数为负。这表明，在其他条件依旧的情形下，生态经济理性实现程度高的农民，在有补偿的情况下，进行绿色生产的概率更高；然而，对生态经济理性实现程度高的农民而言，其期望获得的补偿值较低，仅以更低的补偿标准就可以促进高生态经济理性实现程度农民开展绿色生产，因此，方程4中生态经济理性实现程度的系数为负。由此验证了前文的假说2，即生态经济理性实现程度较高的农民具有更低的绿色生产受偿期望。

（3）控制变量在农民绿色生产支付/受偿意愿中的作用。在支付意愿方面，个体特征中的年龄、健康状况和有无兼业，家庭特征中的家庭收入稳定性和社会交往，社区特征中的社会保障和技术服务均通过了显著性检验，此外，除了年龄和兼业的系数为负，其他变量的系数均为正。这表明，在其他条件不变的情况下，相较于年轻农民和无兼业农民，年老农民、有兼业的农民愿意为绿色生产付费的概率更低；这与本章的理论分析预期结果是一致的；另外，健康状况提升、收入稳定性提高、社会交往频率增加以及社会保障和技术服务改善则有助于促进农民投资于农业绿色生产。在支付意愿水平方面，个体特征中的性别、文化程度和有无兼业正向显著，这意味着，相比于女性、文化程度较低的农民，男性、文化程度较高的农民更愿意为农业绿色支付更多的费用；而相较于无兼业农民，兼业农民愿意为绿色生产支付更高的费用，这可能是兼业拓展农民的信息渠道和收入水平，使农民可以获得更多与农业绿色生产相关的信息和知识，同时也因为兼业可以增加农民收入，从而提升了农民投资于绿色生产的行动意识和支付能力，这与方程1中的负向影响恰好相反。方程2中，社会交往在1%的水平上正向显著，说明社会交往频率增加有助于提升农民绿色生产支付意愿水平。作为社会网络赖以存在的重要载体和形式，社会交往可以有效推动农民互相交流、传播与反馈信息，这对于推动农业绿色生产知识、观念的传播具有积极作用，因而对于社会交往频繁的农民，其农业绿色生产支付意愿水平亦更高。信息设施在方程2中通过了1%水平上的显著性检验，表明在其他条件不变的情况下，信息设施的改进可以提高农民为绿色生产支付费用的意愿，这可能是因为信息设施所承载的互联网为农民了解、学习和践行绿色农业生产提供了及时、迅速而全面的平台，有助于提升农民绿色生产观念和知识，进而促进农民为农业绿色生产付费的意愿强度提高。

在受偿意愿方面，在方程3中，健康状况和收入稳定性在方程3中通过了显著性检验，且系数为正，这表明身体健康、家庭收入稳定性高的农民，在有补偿的情况下，更愿意开展农业绿色生产；方程3中信息设施在5%的水平上正向显著，这意味着，当有补偿时，信息设施改善可以增强农民开展农业绿色生产的意愿。在方程 4 中，个体特征中的性别和文化程度的系数负向显著，年龄的系数正向显著，这表明，在其他条件不变的情况下，男性、文化程度高的农民比女性、文化程度低的农民具有更低的农业绿色生产生态补偿标准期望，而年老农民比年轻农民具有更高的农业绿色生产生态补偿标准期望。家庭特征中收入稳定性和社会交往通过了显著性检验，系数为负，表明在其他条件不变的情况下，家庭收入稳定性增强和社会交往频率增加会降低农民的绿色生产受偿期望值。可能的原因是，家庭收入稳定的农民具有更好的未来收入预期，其整体经济能力也更强，因而对农业绿色生产生态补偿的依赖度不高；而社会交往频繁的农民通过互相交流的信息传播与共享，具备更强的农业绿色生产观念和技术知识，在此情形下，农民即使在较低的补偿标准条件下也愿意进行绿色生产活动；而人际信任却表现出相反的负向影响，这可能与高信任度带来排外性强化而使得农民绿色农业技术推广抵触概率增加有关（温锐和蒋国河，2004）。

此外，方程 5 中，生态经济理性实现程度对农民选择确定程度的影响通过了 5% 水平上的显著性检验，且系数为正。这表明，在其他条件不变的情况下，农民生态经济理性实现程度越高，其按照自己选择去践行的概率也越大。由此可见，提升生态经济理性实现程度，有助于提高农民将农业绿色生产付诸行动的可能性。

7.5.4 稳健性检验

对于微观调查数据，由于受访者个体特征或者家庭禀赋差异较大，而自我评价又易受主观因素影响，这可能导致本书中农民生态经济理性实现程度观测值被高估或者低估，从而出现首尾奇异值。借鉴相关研究的做法（南永清等，2019），本书采用 Winsorize 方法，对样本农民的生态经济理性实现程度观测值高低各 5% 的奇异值进行了平滑处理，并再一次进行方程回归以检验上述结论的稳健性，结果如表 7-7 所示。对比表 7-6 和表 7-7 来看，对样本奇异值作平滑处理后，回归结果并未发生明显变化，说明该研究结论较为稳健。

表 7-7　稳健性检验结果

因变量	方程 6	方程 7	方程 8	方程 9	方程 10
	支付意愿	支付意愿水平	受偿意愿	受偿意愿水平	确定性
	系数（标准误）	系数（标准误）	系数（标准误）	系数（标准误）	系数（标准误）
生态经济理性实现程度	0.222（0.327）	0.611*（0.351）	0.595**（0.268）	-0.204*（0.107）	0.403*（0.226）
控制变量	已控制	已控制	已控制	已控制	已控制
Pseudo R^2	0.204	0.175	0.196	0.105	0.179
Prob>chi^2	0.000	0.000	0.000	0.000	0.000
观测数目	692	296	692	511	692

注：*、**和***分别表示在10%、5%和1%的统计水平上显著，控制变量与前文回归相同。

第8章 生态经济理性视角下农民绿色生产的激励机制构建

在前文中，本书依次对生态经济理性的理论分析框架进行了搭建，并在此基础上评估了农民生态经济理性实现程度的现状与群体差异，进而分析了其对农民绿色生产行为的影响，然后讨论了关于生态经济理性视角下的农民绿色生产集体行动困境与生态补偿及其标准问题，并得出了相应的研究结论。在此基础上，本章将尝试提出基于生态经济理性视角的农民绿色生产行为激励机制构建，主要包括基本目标、基本原则、基本路径和具体措施等。

8.1 生态经济理性视角下农民绿色生产激励的基本目标

构建农民绿色生产的激励机制，首要问题是确立明确而合理的基本目标，然后才能够在此前提下，明确其相应的基本原则、主要路径和具体措施。基于生态经济理性视角，本书认为农民绿色生产激励机制的基本目标可以从两个方面进行阐述。

第一，通过确保实现农业生产发展与生态资源环境保护的协调共进，推动农民主动开展农业绿色生产。

生态经济理性的核心在于生态利益和经济利益共同决定农民的农业生产行为

决策。由于农业绿色生产符合农民生态经济理性最优目标的达成，因而在此框架下，开展绿色生产是农民的主动选择。然而，现阶段的实践中，一方面生态利益在农民决策框架中的作用强度还有待提升，另一方面受当前技术水平、政策制度以及个体特征与家庭禀赋等方面因素的限制，针对农民的生态需求与经济利益，农业绿色生产尚不能做到两全其美。因此，克服上述问题、实现农民的农业生产与生态资源环境保护的协调兼顾、推动农民主动开展农业绿色生产成为本章节激励机制设计的重要目标。

第二，通过农业绿色生产的外部性成本收益合理分配与分摊，实现农民绿色生产的可持续性。

前文已经分析，个体生态经济理性决策并不必然引起农民绿色生产的集体行动，农民绿色生产外部性特征导致的集体行动困境依旧存在。因此，生态经济理性视角的农民绿色生产行为激励机制除了要解决个体的主动参与问题之外，还要解决"搭便车"等所引致的农民绿色生产集体行动困境，考虑如何实现农民绿色生产的外部性成本收益的合理分配与分摊。唯有如此，才能保证农民可持续地进行绿色生产，并从真正意义上促成农业生产向绿色化方向转型。

8.2 生态经济理性视角下农民绿色生产激励的基本原则

基于生态经济理性视角讨论农民绿色生产行为激励问题，必须遵照相应的基本原则，基于前文研究，本节提出如下基本原则：生态与经济统一原则、个体和社会统筹原则、公平与效率兼顾原则以及系统性原则。

8.2.1 生态与经济统一原则

生态经济理性的内在需求即生态与经济统一原则。生态经济的实质在于：在生态自然系统所能容纳的范围内进行人们的生产生活活动，既保证经济社会发展又不损坏自然生态，从而实现生态、经济和社会的良性互动。生态经济理性是生态经济日益发展下的个体理性行为决策框架，不同于以往只重视经济利益的行为目标，生态经济理性也注重对生态利益的追求。换言之，在生态经济理性决策中，生态利益的权重逐步提高，并不意味着忽略或者摒弃经济利益，经济利益和生态利益都是生态经济下的理性决策目标。这就意味着，在促进农民开展农业绿色生产行为的工作中，必须注重生态和经济两个方面的利益调节与平衡。在当前的农业绿色生产的推广工作中，政府主要进行了经济利益调节，如补贴（如秸秆利用补贴）或者罚款（如秸秆焚烧罚款）等措施，这种外生变量冲击农民个体决策框架的方法，并不能有效转化为农民开展农业绿色生产的内在驱动力。而在开展绿色生产的相关效益宣传中，又过度重视生态效应，并未有效凸显农业绿色生产的生态利益与经济利益兼顾的特点。当然，值得一提的是，当前的各项绿色生产技术在短期内确乎难以使农民实现经济收益的显著增加。由此可见，如何在实际工作中推进实现农民生态利益和经济利益的统一，不仅与生态经济理性的决策框架具有内在的一致性，同时也是有效推进农民绿色生产的核心原则。

8.2.2　个体和社会统筹原则

个体和社会统筹的原则是生态经济理性视角下推进农民开展农业绿色生产的关键原则。个体与社会之间属于辩证统一关系，存在着互相依存与统一的一面，具体体现在：个体离不开社会，个体是社会中的个体，个体不可能离开社会独立存在，个体的生存与发展总是离不开社会提供的种种条件和环境的制约，个体的综合发展同社会的整体繁荣密切相关；社会也离不开个体，社会由个体构成，同时，社会的进步有赖于众多社会分子的科技研究和生产劳动，换言之，社会的存续与繁荣是所有个体共同造就的。这种相互依存与统一的关系，是决定个体与社会的统筹必然得以实现与何以可能实现的基础。

但与此同时，个体与社会也存在着矛盾的一面，具体到本书，表现为生态经济理性决策与传统的经济理性决策框架具有一致的传承，即这种理性决策从根本上依然是"利己"的，在第 6 章中已经分析过，农民绿色生产集体行动困境出现的原因在于：这种个体理性决策并不必然引致群体理性决策。也就是说，即使农业绿色生产可以实现农民个体生态利益与经济利益的统一，可以满足个体生态经济利益最大化目标的实现，但由于"搭便车"等现象的存在，因而并不意味着其可以实现农业绿色生产的全面开展。因此，在推动农民绿色生产的过程中，必须注意到统筹个体与其他个体之间的关系，注重协调好农业绿色生产中的个体利益，不仅要充分考虑到包括绿色农业生产先行者同观望者的关系，还要把握绿色农产品生产者同消费者、非绿色农产品生产者的关联，通过制定有针对性的措施，统筹个体和社会关系，保证农业绿色生产由个体行为向社会集体行动跨越。

8.2.3　公平与效率兼顾原则

承接生态与经济统一原则和个体与社会统筹原则，公平与效率兼顾是生态经济理性视角下推进农民开展农业绿色生产的重要原则。孟子曾经说过一段关于鱼与熊掌的关系的话，他指出，鱼与熊掌都是人们所渴求的，但是两者无法全部求得，必须舍弃其中一个。公平和效率就如同孟子所形容的一般，都是农民绿色生产激励所追求的原则；但两者又是一对矛盾体，是人类社会两难的选择，其矛盾表现在寻求效率的同时在一定程度上影响公平的实现，而有时保证公平亦会不利于提升效率；但两者又是可以实现统一的，其统一表现在效率提升可以为最后公平的达成提供有力支持，而反过来，公平的达成是效率不断提升的有效保证。公平与效率兼顾就是指在农业绿色生产转型中，一方面要协调好各方利益，保证公平公正，另一方面则应注重效率，这不仅仅是绿色生产推广效率，更多的是指生态经济发展效率。这种公平与效率兼顾的原则蕴含在以下情形的处理中：

第一，生态和经济的关系。目前来看，保护生态，开展农业绿色生产意味着改变过去过度追求数量增长的发展模式，强调农业生产的生态保护和环境友好属性。这就对农业生产实践和技术与管理等各方面提出了更高的要求，短期内为了适应这种转型带来的挑战，可能会牺牲数量增长，但是长期来看，不能因为农业生产的绿色化转型而忽视农业综合生产能力强化，亦即农业经济发展效率。因为提高农业在综合生产、农业产出供应上的实力，才是其经济发展的根本落脚点。

第二，个体和社会的关系。第6章已经提到，个体的生态经济理性并不必然导致集体生态经济理性的实现，因此，要重视个体农业绿色生产行为向农业绿色生产集体行动的转变。但是，这并不意味着全体农民必须同时保证以同样的步调开展绿色生产。而是根据实际情况，分地区、分批次、有步骤地推进农民的农业绿色生产行为由单一个体行为到多个个体行为，进而转化为集体行动。而这期间，必须有效处理不同地区、不同批次的农业绿色生产行动者间的利益关系，从而确保农业绿色生产转型的效率和效果。

8.2.4　系统性原则

必须意识到的一个问题是，农业生产的绿色化转型是一项系统工程，而基于生态经济理性视角来审视，这一转型意味着兼顾生态系统与经济系统的和谐、个体和社会的统一，因而在付诸实践时，需对系统性原则予以足够关注。系统论认为，事物联系的普遍性决定了我们必须从全局出发，综合考量每个局部及其之间的关联，进而上升至全域范围（顾新华等，1987）。具体到本书的农民绿色生产激励机制设计，这种指导思想主要表现在行动主体、行动策略等方面：

首先，农业生产绿色化转型的第一主体是农民，最终也要由农民转化为实践，但在推进工作的过程中，不应仅仅局限于农民。其间，政府的宏观调控和引导、市场机制的作用发挥、企业与合作社等主体参与，同样不应缺失，必须全面参与到农民绿色生产行动中，并找准定位，发挥其应有的作用。同时，以往一个被忽略的主体是城市居民，尽管农业绿色生产是农村范围内的农民行为，但在生态经济下，城市居民同样是农业绿色生产的环境改善效应受益者、绿色农产品的消费者，是农业绿色生产重要的利益关联群体，因此，城市居民的态度意识、观念和行为在农业绿色生产中亦存在一定重要性，不容忽视。

其次，行动策略的系统性：农业绿色生产转型表面上是一项农业推广工作，但其中涉及了经济社会及政治、法律等诸多方面，首先是要加快改进各项农业绿色生产技术，不断开发成本更低、效果更好的实用技术，同时更需要相应的法律法规对各类主体行为进行规范并打造良性有序的市场机制（包括农资市场、农技服务市场和农产品销售市场）等。

最后，一个必须注意的问题是，还应树立在时间维度上的系统观，也就是说生态经济理性视角下的农民绿色生产激励并不是追求一时的农业绿色生产普及率，也不认为可以在短期内实现最为理想的生态经济理性下的集体行动，由于生产力发展和整体社会意识转变不是一蹴而就的，因此必须意识到这个问题需要较长的时间方能实现，同时还需要不断调整、改进相应举措，才能促进农业生产绿色化发展深度、广度和程度的提升。

8.3 生态经济理性视角下农民绿色生产激励的实现路径分析

在确定了基于生态经济理性视角的农民绿色生产行动激励原则后,一个关键问题是有哪几种可能的路径可以实现这一激励。基于本书的相关结果,主要存在如下几种路径:以发展生产力进而提升经济社会进步为目标的经济驱动路径、通过生态经济知识普及以培养公众生态经济意识的社会宣传路径、加快新兴技术应用的技术推动路径以及通过构建与生态经济发展相适应的市场机制的市场保障路径。

8.3.1 经济驱动路径

从根本上讲,生态经济理性决策由生态经济发展带动,而生态经济发展即生产力发展,社会财富不断积累后,经济发展模式由追求速度和数量转向注重生态与经济协调。因此,从生态经济理性视角来看,激励农民采取农业绿色生产行动的根本路径在于生产力的不断发展。生产力的发展给予了农业生产绿色化转型最为坚实的根底。一是经济发展模式的改变无法脱离生产力的进步。人类从远古时期的捕猎采集到农业时代的农桑结合,再到工业时代的机械化作业,每一次的经济发展变化无不是生产力的颠覆性革命所致,而生态经济的持续繁荣同样依赖于生产力的变革与创新。二是经济基础决定上层建筑。整个社会意识转变为生态经济理性的决策,需要生产力发展带来经济运行规则的变化,生态利益作为一个极为重要因素引入个体乃至全体社会的决策框架,进而改变人们的行为,包括整个农业的绿色生产。三是人类文明兴盛的根本动力即生产力进步,农业绿色生产事实上是生态经济下的人类文明产物,农业生产绿色化就是生产力进步的一个重要组分。因此,生产力的发展,是生态经济理性视角下激励农民开展农业绿色生产的根本路径。

8.3.2　社会宣传路径

尽管说农民绿色生产所依赖的生态经济理性决策框架是生态经济发展的必然产物，但并不意味着生态经济理性决策框架一定会与生态经济模式同时出现或者出现后立即得以被全面接受并发挥作用。这是因为，一方面，这种全面的人的思维方式的转变，相较于经济社会发展模式会在时间上存在一定的滞后；另一方面，社会群体过于庞大，由于个体特征、家庭禀赋等诸多方面的差异，难以同时同步地实现个体决策框架的变化。此外，不可否认的是，生产力发展并不是一蹴而就的，而如果要加快推动人的决策思维的转变，则必须依赖于生态经济知识的普及，从而助推公众生态经济观念的培育，进而促进农民开展农业绿色生产行动。培养公众生态经济意识，普及生态经济知识，有利于在以下三个方面激励农民开展农业绿色生产行动。一是促进农民转变其思维方式，不断提高其个体生态利益在其决策中的权重，从而逐步意识到开展农业绿色生产的重要性和必要性；二是促进消费者农产品购买观念的转变，提升其对绿色生态安全的需求，进而有助于保证绿色农产品优质优价，并通过价格机制激励作为生产者的农民采取绿色生产方式产出农产品；三是促使农民获取、学习和应用绿色农业生产技术和知识，从而提高其绿色农业生产的效率和效果，以不断激励农民的绿色生产行动。

8.3.3　技术推动路径

现代经济社会的发展业已离不开技术手段的革新。农民绿色生产行动本质上是农业绿色生产技术的推广应用，因此，技术路径在农民绿色农业生产行动中的重要性也就不言而喻。在生态经济理性决策框架中，生态利益与经济利益得以协调兼顾，而在此基础上，绿色农业技术必须同时具备生态和经济两种特性，方能得到农民的认同与使用。因此，应不断革新当前各类绿色农业生产技术，不断提升其增产增收效果和生态保护效果。但是，回归前文提到的关于农民绿色农业生产行动激励的系统性原则，必须指出的是，绿色农业生产是一项系统工程，绝不仅涉及绿色农业技术本身，也包括信息技术、保障信息传播，从而促进农业绿色生产技术的学习与共享、农民生态经济观念的形成与能力培养、绿色农产品供给和需求信息传递等，这将为农民有效开展绿色农业生产创造有利的信息背景。另一项重要的技术是监督管理技术，前文已经分析绿色农业生产存在集体行动困境，为防止"搭便车""以次充好""浑水摸鱼"等行为干扰整个激励措施的实施效果，必须采取有效的技术手段对整个农业绿色生产、市场运行和生态补偿等诸多环节进行监督管理，以确保相应的激励手段落到实处，发挥应有的效力。

8.3.4　市场保障路径

构建与生态经济发展相适应的市场机制是保障农民绿色生产行动激励措施持续稳定的有效途径。生态经济理性视角下的农业绿色生产是农民理性判断的自主选择，这意味着在这种决策环境中，开展农业绿色生产符合农民个体对于生态利益和经济利益的追求。因此，农业绿色生产既不是农民的权宜之计，也不能依靠政府的长期干预，必须构建起与生态经济发展相适应的市场机制，从而形成个体生态经济理性决策框架的构建。市场机制的保障效应表现为以下几点：一是保障绿色农产品优质优价，推动采取绿色生产的农民成功发挥其绿色农产品价值，确保农业绿色生产可通过利润提升激励农民继续开展农业绿色生产；二是保障农业绿色生产技术服务的需求与供给实现有效对接，确保农民可以有效搜寻并获取符合自身需要的农业绿色生产技术服务，提升农业绿色生产效率；三是保障农民绿色生产生态补偿资金的有效筹措与合理分配，从而确保农业绿色生产所产生的环境改善效益在各个利益相关群体中合理配置，有益于农民绿色生产生态补偿的长效机制建立。

8.4　生态经济理性视角下农民绿色生产激励的具体措施

在明确生态经济理性视角下的农民绿色生产行为激励原则和路径之后，结合本书的相关研究结论，可以提出如下具体的激励措施，主要包括：加快实现生态经济发展转型、培育符合生态经济发展要求的新型农民、开发农业绿色生产技术、构建农民绿色生产生态补偿机制、健全农民绿色生产及生态补偿相关法律法规、加快新兴技术在农业绿色生产领域的深度应用和完善人才组织队伍建设与风险危机应对机制等。

8.4.1　加快实现生态经济发展转型

事实上，农业绿色生产是生态经济的一个关键要素。第 3 章已经分析，经济社会发展是生态经济理性得以激发并发挥作用的诱致性因素。基于生态经济视角下的农民绿色生产激励的系统性原则，农业绿色生产并不是独立存在的板块，故而只有加快推动生态经济发展的转型，方能促成农民的农业生产朝绿色方向转变。发展生态经济，从纵向来看，就是要实现生产、加工、储藏、运输和销售的全过程的生态与经济协调。一是要各行各业都基于所在地区生态环境和自然条件的实际情况，选取合理的开发方式，本着保护生态兼顾经济效率的原则，构建生态保护型的生产基地、生产设施；农业则要根据各地自然条件，选取适宜的农产品品种、模式和管理模式，做到与当地自然资源与环境相协调。二是要形成资源节约、生态环保的运输与储藏链条，尤其是农产品对运输储藏具有较高的要求，应力求在保证农产品供应的情况下，确保生态环境得到保护。三是引导社会消费向生态环保型的产品靠拢，这就需要构建并形成全社会对于生态经济型企业和生产者的认同，以及生态经济模式下的绿色产品的肯定，保证符合生态经济发展需要的产品顺利实现价值转化。就横向而言，生态经济发展模式的转型涉及农业、工业及服务业三个方面。其中，工业的转型升级将为农业的生态经济转型提供有力的技术基础，同时与生态农业相对应的加工业也将成为绿色农产品的需求方，服务业也是如此，整个社会将以农业的绿色生产为基础，实现全面的绿色化转型。

8.4.2　培育符合生态经济发展要求的新型农民

农民是农业生产向绿色化方向转变的主要实践者。由于劳动力流向城市，当前我国的农民及农业生产呈现出老龄化、女性化、低受教育程度、兼业化和细碎化等特征，而本书第 5 章的实证分析也验证了上述因素会对农民绿色生产行为产生不可忽视的影响，农业生产逐步成为家庭经营的边缘化策略，不足以支撑生态经济发展下绿色农业转型的需要。因此，必须打造适配生态经济发展的新型农民，具体包括：一是针对农民老龄化、女性化趋势明显的问题，应当逐步引导年轻人转而投入农业，但并不是要限制农村青壮年劳动力进城务工或从事非农职业，而是考虑如何打造一批年轻、有经营头脑、懂实操技术的职业农民，这类农民不仅可以快速地学习与适应农业生产本身的变革，同时可以充分把握生态经济发展对于农业的要求，从而改变农业兼业化带来的优质劳动力流失问题。

二是大力发展农村教育。一方面是加强农村地区的科学文化教育（正规教育）。经过长期的努力发展，我国人民的受教育水平已经明显提高，但相较于其他行业或地区，农业农村人员的文化程度依然不高，因此，未来的一个重点仍然是大力改善农村地区的教育条件，通过提高乡村教育从业者薪酬、优化学校基础设施等，从根本上提升农村地区的受教育程度。另一方面是在农村地区大力推行生产培训等非正规教育。充分利用农业技术推广站、农资经销商、乡镇和村干部等基层组织和人员的力量，开展与生态经济发展相适应的绿色农业生产技术培训和指导，以促进农业生产技术扩散和应用，这些培训组织（或个人）的另一个作用是针对生态经济发展下农业转型等相关知识进行普及，提升或加快农民对于生态利益的内在偏好，并进一步形成生态与经济协调兼顾的意识和观念。

三是考虑如何培育规模户，推动其在适度规模范围内经营农业。这不仅有利于实现农业绿色生产的规模经济，同时也为职业化农民提供了重要保障。目前来看，一方面要通过转包、互换等方式实现农民自家经营土地的连片经营，另一方面则是考虑如何推进土地流转培育种养大户等；规模经济的存在和以生产效益为目标的经营理念，将促进转变农业兼业化现状，实现农民职业化转型。此外，还应重点考虑和培育一批特殊"农民"，即农业社会化服务主体，这一部分主体将为绿色农业技术的推广应用提供重要推动力，可以有效解决中小农户的绿色生产转型问题。

8.4.3 开发农业绿色生产技术

农业绿色生产转型本质上就是实现农业绿色技术的推广应用，这就需要不断开发、创新与实践需求相适应的生态型绿色农业技术。本书第 3 章和第 5 章已经分析过，现有农业绿色技术在实践中的推广不尽如人意，这在一定程度上是因为现有的绿色农业技术并不能有效实现农民生态与经济利益的兼顾，应用成本一般高于传统生产方式。因此,必须有针对性地依照生态保护又不牺牲农民经济效益的原则,下大力气研发绿色农业技术。要按照改造升级现有技术、研发推广新技术、探寻有效替代技术的思路,逐步实现主要绿色农业技术的革新与应用。一是土地耕作技术,这一部分重在强调能源节约和减少对土地的破坏,如深耕技术、免耕少耕等;二是种子研发技术,通过改良作物的生物特性,开发环境适应力强、节约肥药的品种,既可以减少作物管护造成的碳排放和能源消耗,又可以降低肥药施用的污染等副作用;三是田间管理技术,包括肥料施用与病虫草害防治,重点是开发有机肥、绿肥等无污染肥料和生物技术、低毒低残留农药等;四是收割机械和农业废弃物处理技术,种植业的作物收获和废弃物(如秸秆等)收集可以考虑联合作业,既可以提高生产效率,又可以降低能源消耗,但同时,还应考虑到畜牧业的农业废弃物处理,这就需要通过技术研发,提高作物秸秆、畜禽粪便的收集包括转化利用等相应技术的采用效率;五是创新生产模式,提高农业资源与废弃物的利用效率,例如,结合地方农情与实际需要,模仿湖北地区的"虾稻共作",开发类似农业生产模式,既有益于提升生产效益,又从生产模式上保障了农产品的绿色生产。

8.4.4　构建农民绿色生产生态补偿机制

前文第 6 章和第 7 章在理论和实证层面的分析均表明,实施有效的农民绿色生产生态补偿是矫正农民绿色生产外部性、破解农民绿色生产的集体行动困境,从而实现农业生产与生态经济发展要求相适应的重要手段。事实上,实践中早已经有针对农民绿色生产的相关补贴,但存在覆盖面窄、均额化、补贴标准低等问题,且补贴手段过度依赖于财政,不具备可持续的特征,因此,需要基于选择性激励的原则,围绕当前补贴上的不足,构建行之有效的农民绿色生产生态补偿机制。一是要面向农民绿色生产行为实施较为全面的生态补偿,包括播种、田间管理、收获及运输等各个环节所涉及的农业生产活动,均应对其采取农业绿色生产生态补偿;二是要按照选择性激励原则,实施差异化生态补偿方式和手段,要注意区分不同特征的绿色农业生产行为,按照污染减少型、能源节约型和绿色农产品保障型进行区分,按照现实需要,对本地区最为迫切的绿色农业技术进行较高补偿,然后有步骤、分批次地逐步实现全面的补偿;三是要将农业生产主体,即农民纳入农业绿色生产生态补偿标准确定的决策中，通过开展合理的抽样调查，确定适当的生态补偿标准，识别并区分农业绿色生产中的群体差异，对绿色生产的行动者、观望者和破坏者实施不同激励方式和标准，以保障选择性激励效果的达成；四是要明晰农民绿色生产的生态补偿资金来源，前期可在一定程度上依赖于政府直接投入，但后期应加快构建面向农业绿色生产和绿色农产品市场破坏者、生态环境污染者和绿色生产受益者的税费制度。这部分收入应专款专用于农民绿色生产生态补偿，从而逐步搭建起农民绿色生产生态补偿的市场机制。

8.4.5 健全有关农民绿色生产及生态补偿的法律法规

加快制定与完善关于农民绿色生产生态补偿的法律法规，是确保农民绿色生产行为激励手段得以实现的制度与法律保障。必须看到，农业绿色生产作为外部性特征极强的生产实践活动，如果没有严格的法律法规作为保障，则依然难以避免诸如"搭便车"等问题，因此要加快制定与完善如下几类法律法规，做到生态经济模式下农民绿色生产行为激励措施的有法可依和有规可依：一是关于农业绿色生产生态补偿激励实施办法与细则，要组织相关专家、一线生产和技术服务人员，对当前农业绿色生产技术和农民行为进行明确的分类，并基于现实生产的需要，明确生态补偿标准的确定原则和措施；二是对于生态环境污染行为和农业绿色生产受益者的税费征收法规条例，要给出明确的涉农人员和组织的生态污染行为认定标准，确立农业绿色生产的环境改善效应受益群体的认定及其相应的税收标准；三是完善有关绿色农产品市场秩序维护的法律条例，具体包括：生态绿色农产品的认定与标签的管理和品牌的保护，对假冒生态绿色农产品及扰乱市场秩序行为的认定追责和处罚规定，保护绿色农产品消费者在法律许可范围内的权益，并为其搭建有效的维权机制；四是关于涉农绿色技术或生态农业品种研发的专利保护法的制定，要细化相应的发明专利申请与认定标准，同时提高相关流程的执行速度，实现生态绿色农业技术研发人员在法律许可范围内的权益最大化，从而快速地推动农业绿色生产技术的研发、普及和实施；五是农民绿色生产激励的实施人员和机构行为准则条例，要明确上述业务从业人员的职责和权利，特别是涉及生态补偿相关资金的获取与使用问题，要严厉打击个别人员从中牟利或暗箱操作，以确保上述各项法律法规得以有效实行，相关激励举措落到实处。

8.4.6　加快新兴技术在农业绿色生产领域的深度应用

依照系统性原则，尽管农业绿色生产本质上是农业绿色技术的推广，但事实上，同样需要整个技术体系的支持。因此，加快新型技术在农业生产领域特别是农民绿色生产行为激励中的应用十分必要。上述举措如何在实践中得以高效实施，有赖于新技术的不断应用，可以重点考虑并开发如下两项技术在农民绿色生产行为激励机制中的功能和作用：

一是互联网技术的应用。当前，互联网技术的应用主要停留在农产品售卖上，且应用率并不高。事实上，依托快速、量大和及时的优势，互联网技术在农业生产环节同样有用武之地。本书第 4 章和第 5 章的分析结果显示，互联网在农民绿色生产中发挥着重要作用，既有益于农业从业人员学习绿色生产技术，也可以助推绿色生态安全农业产品购销秩序的有效运行。鉴于此，应从以下几个方面入手：首先是农业绿色生产技术的应用以及生态经济和环保知识、法律法规传播和学习，例如当前使用率非常高的社交软件，如微信等，直播与分享软件，如快手、抖音等 App，在农村具有相当庞大的使用群体。但就实际情况而言，主要是以娱乐为主，涉及农业尤其生态环保农业方面的宣传与分享则少之又少，因此，应充分利用好这一广大群众基础，利用互联网技术实现绿色农业技术在农户中的普及与施行。其次是绿色农业生态补偿及农民生态经济观念的社会调查，考虑到互联网调查对农民的教育与操作水平存在一定要求，因此，在开展农民调查时，可结合互联网调查与入户调查，实现两者互为补充。最后是互联网可以有效提升绿色农业技术服务的供需对接效率，通过构建信息分享平台，有助于降低农民搜寻符合其需求的农业技术服务主体的成本，从而保障农民快速及时地获取满意的绿色农业技术服务。

二是区块链技术的应用。区块链技术的实质即数据库的共同分享，存储于其中的数据或信息以无法伪造、全程记录、可追本溯源、过程公开、透明真实、共同维护等为特点，其使用将形成坚实的"信任"基础和可靠的"合作"机制，这将有效抑制依然是利己色彩的生态经济理性视角下的农民利用信息不对称、"搭便车"等进行的"钻空子"行为，并保护践行农业绿色生产的农民利益。区块链技术的快速应用，一方面可以有效识别某农民是否开展农业绿色生产、选择了何种绿色农业技术、其农产品是否为绿色农产品，由此，可以有效维护生态经济下的绿色农产品市场秩序，遏制农民绿色生产行动中的"搭便车"行为；另一方面则可以对各类农民绿色生产的激励手段的实施，特别是涉及生态补偿资金的筹措与发放等工作进行有效监督，从而防止非法牟利与权力寻租行为，保障农民绿色生产行动激励措施的贯彻执行落到实处，发挥实效。

8.4.7 完善人才组织队伍建设和风险危机应对机制

此外，完善的人才组织队伍建设和风险危机应对机制也必不可少。本书的实证结果也表明技术服务、风险保障在农民绿色生产实践中的重要作用。一是人才队伍和组织建设，除最为重要的新型农民队伍的培育以外，还应注重如下几类人才队伍建设，主要涉及生态经济发展及绿色农业发展的相关法律法规、政策研究与咨询、社会调查与统计以及相关技术研发等人员和组织的培训与建设；二是政府和企业的理念更新与角色转换，生态经济发展要求政府在绿色农业转型中应当转化观念，由过分注重产量和速度转向注重发展质量以及经济系统和生态系统的协调，各类涉农企业也应逐步实现产业线更新升级，从而与生态经济发展要求相适应；三是要充分构建与生态经济发展要求相适应的农业绿色生产应急管理与危机处理机制，实现突发严重污染事件的及时处理，保障其间的农业绿色生产不受影响、绿色农产品供给充足，且不能因紧急事件的发生而下调生产标准；四是充分发展涉农保险，新型农业技术的应用存在着不可预知的风险，必须构建起与之相适应的农业保险体系，才能有效消除农民开展绿色农业生产的后顾之忧，有效激励其付诸行动。

第9章　研究结论、不足及展望

本书基于生态经济理性的视角重新审视和讨论农民绿色生产行为及其激励措施，主要内容包括对于生态经济理性的理论分析和逻辑论证，生态经济理性实现程度评估及其对农民绿色生产行为的影响，农民绿色生产的集体行动困境及其应对措施以及农民绿色生产行为的激励措施设计。本章将对相应的基本结论和启示进行总结，并对本书存在的不足进行讨论。

9.1　研究结论

（1）理论和实证分析表明，生态经济理性在农民绿色生产决策中存在并发挥着作用，但其实现程度存在明显的个体差异，即对不同农民而言，生态经济理性作用强度差异明显。

生态经济理性视角可以对农民绿色生产行为中的"私人和社会"与"经济和生态"的关系进行明晰的区分，这种理性决策框架所要求的生态与经济系统的协调源自个体的内在需求，即在生态经济发展模式下，优质生态品同样决定着个体效用是否实现最大化。生态经济理性强化的诱致性因素在于生产力的发展和环境污染加剧及消费偏好的转化。然而理性本身并不可测度，只能通过个体的观念行为等表现间接刻画生态经济理性的个体差异，即生态经济理性的实现程度。农民在生态经济理性实现程度方面的差异最主要体现为生态经济知识，然后是生态经济行为，而生态经济观念上的差异是最小的；多数农民的生态经济理性实现程度高于整体平均水平，但是绝大多数农民属于观念型，其知识和行为远远落后于其思想认识，可见，所谓的生态经济观念已为绝大多数农民所认可和接受，但农民有关的知识和技能积累较为不足，难以落实到实际行动上；此外，农民在绿色生产中的生态经济理性实现程度方面存在着明显差异，这值得关注与重视。

（2）农民绿色生产行为整体状况较为理想，但具体到产前、产中和产后环节来看，仍然存在诸多问题，而生态经济理性实现程度强化有助于实现农民绿色生产的内生驱动。

统计显示，具有绿色生产行为的农民比例较高，达 70.57%，具体来看，不同绿色生产行为的差异较大。秸秆还田比例最高，为 64.19%，但免耕少耕与测土配方施肥的比例均非常之低，分别为 13.15% 和 19.01%。在农民绿色生产行为中，生态良知与经济逐利随着生态经济理性实现程度的提高逐渐由冲突走向弥合，但整体上仍然表现为冲突。当前农民对于生态的保护和对于个人的经济利益追求并不能做到协调统一，因而使得两者处于相互冲突的情境。但随着生态经济理性实现程度的提升，两者将实现协调，即生态良知与经济逐利具有实现相互促进效果的可能。可在一定程度上认为绿色生产行为随着农民生态经济理性实现程度提升逐步由一种外在导向转为一种内生驱动的决策模式。

（3）尽管生态经济理性可以驱动农民开展绿色生产，但由于个体理性与群体理性目标并不必然一致，若缺乏有效激励，农民绿色生产仍将面临集体行动困境。

生态经济理性可驱动个体农民践行农业绿色生产，但仍然无法克服农民绿色生产的集体行动困境。基于生态经济理性视角分析，农民绿色生产集体行动困境的产生主要有三种情形，即绿色农民生产生态环境保护效应的"搭便车"行为、绿色生态农产品的"劣币驱逐良币"问题和不同生态经济理性实现程度农民对于绿色生产的成本收益权衡问题。借助选择性激励能够有效克服上述难题。选择性激励对于农民绿色生产存在三条作用路径，即实现农民绿色生产外部性收益合理分配、解决农民绿色生产生态补偿的资金来源和提升农民绿色生产生态补偿的激励效率。在生态经济理性视角下的选择性激励实施思路和步骤，依次为明确实施对象、确定手段组合、选用激励标准和探寻有效保障。

（4）对农业绿色生产具有支付意愿的农民比例较低，但具有受偿意愿的农民较多；而生态经济理性实现程度提高有助于提升农民绿色生产支付意愿，降低其绿色生产受偿期望水平。

在768个有效样本中，具有绿色生产支付意愿的有330人，占比为42.97%；受偿意愿方面，愿意在有补贴的情况下进行绿色生产的农民为568人，占比为73.96%。单个样本农民进行绿色生产的支付意愿水平上限是22.83元/亩·季，相应的下限为9.81元/亩·季。相应地，其受偿意愿水平的上限是58.11元/亩·季，相应的下限为42.98元/亩·季。生态经济理性实现程度提升可以使得农业生产者更愿意投资绿色农业生产方式；生态经济理性实现程度较高的农民具有更低的绿色生产受偿期望。此外，性别、文化程度和健康状况等亦会在农民绿色生产支付和受偿意愿中发挥作用。在其他条件依旧的情形下，农民生态经济理性实现程度越高，其按照自我选择去践行的概率也越大。

（5）基于生态经济理性视角的农民绿色生产行为激励机制设计，旨在实现生态与经济利益协调、个体利益与社会利益统筹，有利于推动农民主动并长期、可持续地进行绿色生产。

基于生态经济理性视角讨论农民的农业绿色生产行为激励问题，必须围绕两个目标，即确保实现农业生产发展与生态资源环境保护的协调共进以推动农民主动开展农业绿色生产和实现农业绿色生产的外部性成本收益合理分配与分摊以实现农民绿色生产的可持续性，遵循生态与经济统一原则、个体和社会统筹原则、公平与效率兼顾原则和系统性原则。其主要的实现路径在于：以发展生产力进而提升经济社会进步为目标的经济驱动路径、通过知识普及以培养公众意识的社会宣传路径、加快新兴技术应用的技术推动路径以及通过构建与生态经济发展相适应的市场机制的市场保障路径。具体应从加快实现生态经济发展转型、培育符合生态经济发展要求的新型农民、开发构建农民绿色生产技术和生态补偿机制、完善相关法律法规、加快新兴技术深度应用等方面入手；此外，还应重视相关法律、政策以及技术研发人员组织建设、政府和企业的理念更新与角色转换、农业绿色生产应急管理与危机处理机制以及发展涉农保险等。

9.2　不足及展望

本书可能的贡献在于，提出了基于生态经济理性视角审视农民绿色生产行为，并探讨了相应的激励机制。通过细分成本收益，分析"生态和经济"与"个体和社会"两组关系的区别与联系。生态经济理性框架在微观行为经济分析视角论证了生态和经济可以有机统一于农民绿色生产，同时有效地解决了涉及生态环境保护行为研究时个体理性与利他道德等因素混淆不清的问题。但是，本书同时也存在着诸多不足，至少在以下几个方面有待改进：

一是生态经济理性实现程度的指标设定。由于缺乏直接可供借鉴和参考的指标体系，本书基于相关研究和理论分析，尝试设定了生态经济理性实现程度的指标，并借助这一指标体系，估算与评价了农民的生态经济理性实现程度。但是，这一指标是否全面和十分科学，仍有待进一步考察和论证。然而，正如前文论述，理性本身不可以测度，生态经济理性实现程度指标也是本书为了刻画农民个体差异，以开展相应的实证研究而采取的一种间接手段。换言之，本书重在通过对农民个体间的差异进行刻画，因而评估结果本身的绝对值并不是本书关注的重点。因此，这一指标体系仍有待进一步完善，但是对本书的研究并不会产生十分重大的影响。

二是生态补偿标准的评估方法。生态补偿的评估是相关问题中一个重要的研究领域，具体方法多种多样，实践中，假想市场法在诸多领域都有应用。但是，由于假想市场法并不是真实的交易，所以其结果的稳健性饱受诟病。而具体到假想市场法本身，关于选择实验法和条件价值评估法，也存在着诸多争议，两种方法各有优劣。因此，本书所评估的生态补偿标准只是一个参考值，并不能直接认为其就是实践中的完全准确的补偿标准。同时，回归到本书，与上述问题一样，本书重点关注生态经济理性对于农民的农业绿色生产支付意愿与受偿期望的影响，具体的生态补偿标准数值估算的意义侧重在刻画不同农民的个体差异，并通过观察这一影响，探寻个中规律，用以指导实践中的农民绿色生产行动激励机制设计。因此，生态补偿标准结果的绝对数值并不会影响到本书关于生态经济理性的相关阐述与结论。

三是研究区域有待进一步拓展。本书所用的微观数据来自课题组对于湖北地区开展的农村居民调查。尽管利用这一数据得出了与研究预期较为一致的结果，但是这一结论是否适用全国情况仍有待进一步验证。我国幅员辽阔，东西南北方向均存在着显著的自然条件、经济社会和文化风俗差异，是否可以以一隅之论而推及全域，笔者对此保有谨慎的态度。因此，就这一角度而言，如能够利用全国范围内的数据进一步开展相应的研究和区域比较，或许能够衍生出更多有意义且值得重点讨论的议题，这也为未来进一步深化研究创造了无限空间。

参考文献

［1］ Abas M R B, Oros D R, Simoneit B R T. Biomass Burning as the Main Source of Organic Aerosol Particulate Matter in Malaysia During Haze Episodes ［J］. Chemosphere, 2004, 55 (8): 1089-1095.

［2］ Aghion P, Fehr E, Holden R, et al. The Role of Bounded Rationality and Imperfect Information in Subgame Perfect Implementation: An Empirical Investigation ［J］. Social Science Electronic Publishing, 2015 (2): 165-187.

［3］ Arrow K J. Social Choice and Individual Values ［M］. New Haven: Yale University Press, 1970.

［4］ Arrow K, Solow R, Portney P, et al. Report of the NOAA Panel on Contingent Valuation ［J］. Federal Register, 1993, 58 (10): 4016-4614.

［5］ Atanu S, Alan H, Robert S. Adoption of Emerging Technologies Under Output Uncertainty ［J］. American Journal of Agricultural Economics, 1994, 76 (7): 836-846.

［6］ Baland J M, Bardhan P K, Bowles S. Inequality, Cooperation, and Environmental Sustainability ［M］. Russell Sage Foundation: Princeton University Press, 2007.

［7］ Baland J M, Platteau J P. Division of the Commons: A Partial Assessment of the New Institutional Economics of Land Rights ［J］. American Journal of Agricultural Economics, 1998, 80 (3): 644-650.

［8］ Ban A W, Den V. Some Characteristics of Progressive Farmers in the Netherlands [J]. Geotechnical Engineering, 1957, 165 (6): 379-390.

[9] Bian Y. Bringing Strong Ties Back in: Indirect Ties, Network Bridges, and Job Searches in China [J]. American Sociological Review, 1997, 62 (3): 366-385.

[10] Binswanger H P. Attitudes toward Risk: Experimental Measurement in Rural India [J]. American Journal of Agricultural Economics, 1980 (62): 395-407.

[11] Bongaarts J. Fertility and Reproductive Preferences in Post-transitional Societies [J]. Population & Development Review, 2001, 27 (2): 260-281.

[12] Bosek M, Grzegorzewski B, Kowalczyk A, et al. Degradation of Postural Control System as a Consequence of Parkinson's Disease and Ageing [J]. Neuroscience Letters, 2005, 376 (3): 215-220.

[13] Bourdieu P. The Social Space and the Genesis of Groups [J]. Theory and Society, 1985, 14 (6): 723-744.

[14] Brownstone D, Bunch D S, Train K. Joint Mixed Logit Models of Stated and Revealed Preferences for Alternative-fuel Vehicles [J]. Transportation Research Part B: Methodological, 2000, 34 (5): 315-338.

[15] Carlson J E, Dillman D A. The Influence of Farmers' Mechanical Skill on the Development and Adoption of a New Agricultural Practice [J]. Rural Sociology, 1988, 53 (2): 235-245.

[16] Carrus G, Bonaiuto M, Bonnes M. Environmental Concern, Regional Identity, and Support for Protected Areas in Italy [J]. Environment and Behavior, 2005, 37 (2): 237-257.

[17] Chavis D M, Wandersman A. Sense of Community in the Urban Environment: A Catalyst for Participation and Community Development [J]. American Journal of Community Psychology, 1990, 18 (1): 55-81.

[18] Chen X P, Wasti S A, Triandis H C. When Does Group Norm or Group Identity Predict Cooperation in a Public Goods Dilemma? The Moderating Effects of Idiocentrism and Allocentrism [J]. International Journal of Intercultural Relations, 2007, 31 (2): 259-276.

[19] Chenault L A, Flueckiger G E. An Information Theoretic Model of Bounded Rationality [J]. Mathematical Social Sciences, 1983, 6 (2): 227-246.

[20] Chouinard H H, Paterson P, Wandschneider P R, et al. Will Farmers Trade Profits for Stewardship? Heterogeneous Motivations for Farm Practice Selection [J]. Land Economics, 2008, 84 (1): 66-82.

[21] Conley T G, Udry C R. Learning About a New Technology: Pineapple in Ghana [J]. American Economic Review, 2010, 100 (1): 35-69.

[22] Costanza R. What Is Ecological Economics? [J]. Ecological Economics, 1989 (1): 1-7.

[23] Cunguara B, Darnhofer I. Assessing the Impact of Improved Agricultural Technologies on Household Income in Rural Mozambique [J]. Food Policy, 2011, 36 (3): 378-390.

[24] David P, Christa W, Christine M C, et al. Economic and Environmental Benefits of Biodiversity [J]. BioScience, 1997, 47 (11): 747-757.

[25] Doss C. Designing Agricultural Technology for African Women Farmers: Lessons from 25 Years of Experience [J]. World Development, 2001, 29 (12): 2075-2092.

[26] Ferrier M D, Butler Sr. B R, Terlizzi D E, et al. The Effects of Barley Straw (Hordeum vulgare) on the Growth of Freshwater Algae [J]. Bioresource Technology, 2005, 96 (16): 1788-1795.

[27] Fischhoff B, Furby L. Measuring Values: A Conceptual Framework for Interpreting Transactions with Special Reference to Contingent Valuation of Visibility [J]. Journal of Risk and Uncertainty, 1988, 1 (2): 147-184.

[28] Foster J B. The Vulnerable Planet: A Short Economic History of the Environment [M]. New York: Monthly Review Press, 1999.

[29] Genius M, Koundouri P, Nauges C, et al. Information Transmission in Irrigation Technology Adoption and Diffusion: Social Learning, Extension Services and Spatial Effects [J]. American Journal of Agricultural Economics, 2014, 96 (1): 328-344.

[30] Gershon F, Richard E. J, David Z. Adoption of Agricultural Innovation in Developing Countries: A Survey [J]. Economic Development and Cultural Change, 1985, 33 (2): 255-297.

[31] Giannoccaro G. Survey Data of Stated Farmers' Preferences and Willingness to Supply Straw [J]. Data in Brief, 2017 (11): 12-14.

[32] Gouldner A W. The Norm of Reciprocity: A Preliminary [J]. American Sociological Review, 1960, 25 (2): 161-178.

[33] Granovetter M S. The Strength of Weak Ties [J]. American Journal of Sociology, 1973, 78 (6): 1360-1380.

[34] Gren I M, Groth K H, Sylvén M. Economic Values of Danube Floodplains [J]. Journal of Environmental Management, 1995, 45 (4): 333-345.

[35] Gruen T W, Osmonbekov T, Czaplewski A J. Customer-to-customer Exchange: Its MOA Antecedents and Its Impact on Value Creation and Loyalty [J]. Journal of the Academy of Marketing Science, 2007, 35 (4): 537-549.

[36] He K, Zhang J, Zeng Y. Rural Households' Willingness to Accept Compensation for Energy Utilization of Crop Straw in China [J]. Energy, 2018 (2): 562-571.

[37] Hernandez B, Martin A M, Ruiz C, et al. The Role of Place Identity and Place Attachment in Breaking Environmental Protection Laws [J]. Journal of Environmental Psychology, 2010, 30 (3): 281-288.

[38] Hesterly Z W S. The Disaggregation of Corporations: Selective Intervention, High-powered Incentives, and Molecular Units [J]. Social Science Electronic Publishing, 1997, 8 (3): 209-222.

[39] Jensen K, Clark C D, Ellis P, English B, et al. Farmer Willingness to Grow Switchgrass for Energy Production [J]. Biomass and Bioenergy, 2007, 31 (12): 773-781.

[40] Jiang L, Zhang J, Wang H H, et al. The Impact of Psychological Factors on Farmers' Intentions to Reuse Agricultural Biomass Waste for Carbon Emission Abatement [J]. Journal of Cleaner Production, 2018 (189): 797-804.

［41］Kassie M, Jaleta M, Shiferaw B, et al. Adoption of Interrelated Sustainable Agricultural Practices in Smallholder Systems: Evidence from Rural Tanzania ［J］. Technological Forecasting & Social Change, 2013, 80 (3): 525-540.

［42］Kizilaslan N. Rural Women in Agricultural Extension Training ［J］. Research Journal of Social Sciences, 2007, 2 (3): 23-27.

［43］Klandermans B. How Group Identification Helps to Overcome the Dilemma of Collective Action ［J］. American Behavioral Scientist, 2002, 45 (5): 887-900.

［44］Kyle G, Graefe A, Manning R. Testing the Dimensionality of Place Attachment in Recreational Settings ［J］. Environment & behavior, 2005, 37 (2): 153-177.

［45］Lal P. Economic Valuation of Mangroves and Decision-making in the Pacific ［J］. Ocean & Coastal Management, 2003, 46 (9): 823-844.

［46］Launio C C, Asis C A, Manalili R G, et al. Cost-effectiveness Analysis of Farmers' Rice Straw Management Practices Considering CH_4 and N_2O Emissions ［J］. Journal of Environmental Management, 2016 (183): 245-252.

［47］Lee E, Park N K, Han J H. Gender Difference in Environmental Attitude and Behaviors in Adoption of Energy-efficient Lighting at Home ［J］. Journal of Sustainable Development, 2013, 6 (9): 36-50.

［48］Lin N. Social Capital: A Theory of Social Structure and Action ［M］. New York: Cambridge University Press, 2001.

［49］Lo A Y, Xu B X, Chan F K S, et al. Social Capital and Community Preparation for Urban flooding in China ［J］. Applied Geography, 2015 (64): 1-11.

［50］Loomis J, Kent P, Strange L, et al. Measuring the Total Economic Value of Restoring Ecosystem Services in an Impaired River Basin: Results from a Contingent Valuation Survey ［J］. Ecological Economics, 2000, 33 (1): 103-117.

［51］Luhmann N. Trust and Power ［M］. New York: John Wiley and Sons, 1979.

［52］Luo L, Wang Y, Qin L. Incentives for Promoting Agricultural Clean Production Technologies in China ［J］. Journal of Cleaner Production, 2014 (74): 54-61.

［53］MacInnis D J, Jaworski B J. Information Processing from Advertisements: Toward an Integrative Framework ［J］. Journal of Marketing, 1989, 53 (4): 1-23.

［54］Maertens A, Barrett C B. Measuring Social Networks' Effects on Agricultural Technology Adoption ［J］. American Journal of Agricultural Economics, 2012, 95 (2): 353-359.

［55］Malawska A, Topping C J. Evaluating the Role of Behavioral Factors and Practical Constraints in the Performance of an Agent-based Model of Farmer Decision Making ［J］. Agricultural Systems, 2016 (143): 136-146.

［56］Manimozhi K, Vaishnavi N. Eco-Friendly Fertilizers for Sustainable Agriculture ［J］. International Journal of Scientific Research, 2012 (2): 255-257.

［57］Marwell G, Oliver P. The Critical Mass in Collective Action: A Micro-Social Theory ［M］. Cambridge: Cambridge University Press, 1993.

［58］Maslow A H, Green C D. A Theory of Human Motivation ［J］. Psychological Review, 1943, 50 (1): 370-396.

［59］Mayo E. The Human Problems of an Industrial Civilization ［M］. New York: Macmillan, 1933.

［60］Mazzeo R S, Tanaka H. Exercise Prescription for the Elderly: Current Recommendations ［J］. Sports Medicine, 2001, 31 (11): 809-818.

［61］Mendonça M J C D, Sachsida A, Loureiro P R A. A Study on the Valuing of Biodiversity: The Case of Three Endangered Species in Brazil ［J］. Ecological Economics, 2003, 46 (1): 9-18.

［62］Mitchell R C, Carson R T. Using Surveys to Value Public Goods: The Contingent Valuation Method ［M］. Washington, DC: Resources for the Future, 1989.

［63］Moulay A, Ujang N, Maulan S, et al. Understanding the Process of Parks' Attachment: Interrelation between Place Attachment, Behavioral Tendencies, and the Use of Public Place ［J］. City, Culture & Society, 2018 (14): 28-36.

［64］Mouw T. Social Capital and Finding a Job: Do Contacts Matter? ［J］. American Sociological Review, 2003, 68 (6): 868-898.

［65］Mulema A A, Jogo W, Damtew E, et al. Women Farmers' Participation in the Agricultural Research Process: Implications for Agricultural Sustainability in Ethiopia [J]. International Journal of Agricultural Sustainability, 2019, 17 (2): 127-145.

[66] Munier B, Selten R, Bouyssou D, et al. Bounded Rationality Modeling [J]. Marketing Letters, 1999, 10 (3): 233-248.

[67] Musshoff O, Hirschauer N. A Behavioral Economic Analysis of Bounded Rationality in Farm Financing Decisions: First Empirical Evidence [J]. Agricultural Finance Review, 2011, 71 (1): 62-83.

[68] Ndiritu S W, Kassie M, Shiferaw B. Are There Systematic Gender Differences in the Adoption of Sustainable Agricultural Intensification Practices? Evidence from Kenya [J]. Food Policy, 2014 (49): 117-127.

[69] Nitzan S, Ueda K. Selective Incentives and Intragroup Heterogeneity in Collective Contests [J]. Journal of Public Economic Theory, 2018, 20 (4): 477-498.

[70] Oliver P, Gerald M. The Paradox of Group Size in Collective Action: A Theory of the Critical Mass [J]. American Sociological Review, 1988, 53 (1): 1-8.

[71] Ostrom E. Governing the Commons [M]. Cambridge: Cambridge University Press, 1990.

[72] Peterman A, Behrman J, Quisumbing A. A Review of Empirical Evidence on Gender Differences in Nonland Agricultural Inputs, Technology, and Services in Developing Countries [J]. IFPRI discussion Papers, 2010 (2): 145-186.

[73] Petrolia D R. The Economics of Harvesting and Transporting Corn Stover for Conversion to Fuel Ethanol: A Case Study for Minnesota [J]. Biomass and Bioenergy, 2008, 32 (7): 603-612.

[74] Pimentel D, Wilson C, Mccullum C, et al. Economic and Environmental Benefits of Biodiversity [J]. BioScience, 1997, 47 (11): 747-757.

[75] Popkin S. The Rational Peasant [M]. California, USA: University of California Press, 1979.

[76] Putnan R D. Making Democracy Work: Civic Traditions in Modern Italy [M]. Princeton: Princeton University Press, 1993.

［77］ Rachel C. Silent Spring ［M］. Boston: Houghton Mifflin Company, 2002.

［78］ Rothschild M L. Carrots, Sticks, and Promises: A Conceptual Framework for the Management of Public Health and Social Issue Behaviors ［J］. Journal of Marketing, 1999, 63 (4): 24-37.

［79］ Ruttan L M. Economic Heterogeneity and the Commons: Effects on Collective Action and Collective Goods Provisioning ［J］. World Development, 2008, 36 (5): 969-985.

［80］ Scannell L, Gifford R. The Relations between Natural and Civic Place Attachment and Pro-environmental Behavior ［J］. Journal of Environmental Psychology, 2010, 30 (3): 289-297.

［81］ Schultz T W. The Value of Ability to Deal with Disequilibria ［J］. Journal of Economic Literature, 1975, 13 (3): 827-846.

［82］ Schultz T W. Transforming Traditional Agriculture ［M］. New Haven: Yale University Press, 1964.

［83］ Scott J C. The Moral Economy of the Peasant: Rebellion and Subsistence in Southeast Asia ［M］. New Haven: Yale University Press, 1976.

［84］ Scott. The Moraieconomy of the Peasant ［M］. New Haven: Yale Univsity, 1976.

［85］ Shearer G, Kohl D H, Wanner D, et al. Crop Production Costs and Returns on Midwestern Organic Farms: 1977 and 1978 ［J］. American Journal of Agricultural Economics, 1981, 63 (2): 264-269.

［86］ Sheshinski E. Bounded Rationality and Socially Optimal Limits on Choice in a Self-selection Model ［J］. Cesifo Working Paper, 2003 (2): 1-31.

［87］ Shimada G. The Role of Social Capital after Disasters: An Empirical Study of Japan Based on Time-Series-Cross-Section (TSCS) Data from 1981 to 2012 ［J］. International Journal of Disaster Risk Reduction, 2015 (14): 388-394.

［88］ Simon H A. Models of Bounded Rationality ［J］. AAAI Fall Symposium on Rational Agency, 1982 (13): 2756-2757.

［89］ Skevas T, Stefanou S E, Lansink A O. Can Economic Incentives Encourage

Actual Reductions in Pesticide Use and Environmental Spillovers? ［J］. Agricultural Economics, 2012, 43 (3): 267-276.

［90］Song Y, Jiggins, Janice. Feminization of Agriculture and Relate Issues: Two Cases Study in Marginal Rural Area in China ［J］. Leisa Magazine, 2002 (12): 5-7.

［91］Song Z N, Soopramanien D. Types of Place Attachment and Pro-environmental Behaviors of Urban Residents in Beijing ［J］. Cities, 2019 (84): 112-120.

［92］Stark O. Migration in Less Development Countries: Risk, Remittances and Family ［J］. Finance and Development, 1991, 28, (4): 431-452.

［93］Tax S. Penny Capitalism: A Guatemalan Indian Economy ［M］. Chicago: University of Chicago Press, 1972.

［94］Trauger A. 'Because They Can Do the Work': Women Farmers in Sustainable Agriculture in Pennsylvania, USA ［J］. Gender, Place & Culture, 2004, 11 (2): 289-307.

［95］Turner R K, Jeroen C J M, Van D B, et al. Ecological-economic Analysis of Wetlands: Scientific Integration for Management and Policy ［J］. Ecological Economics, 2000, 35 (1): 7-23.

［96］UNEP. Towards a Green Economy: Pathways to Sustainable Development and Poverty Eradication ［M］. Nairobi: United Nations Environment Programme, 2011.

［97］Van Zomeren M, Postmes T, Spears R. Toward an Integrative Social Identity Model of Collective Action: A Quantitative Research Synthesis of Three Socio-Psychological Perspectives ［J］. Psychological Bulletin, 2008, 134 (4): 504-535.

［98］Varvel G E, Vogel K P, Mitchell R B, et al. Comparison of Corn and Switchgrass on Marginal Soils for Bioenergy ［J］. Biomass and Bioenergy, 2008, 32 (1): 18-21.

［99］Vaske J J, Kobrin K C. Place Attachment and Environmentally Responsible Behavior ［J］. Journal of Environmental Education, 2001, 32 (4): 16-21.

［100］Verhaeghen P, Salthouse T A. Meta-analyses of Age-cognition Relations in Adulthood: Estimates of Linear and Nonlinear Age Effects and Structural Models [J]. Psychological Bulletin, 1997, 122 (3): 231-249.

[101] Veronique T, Melinda S, Hamza H. How Does Gender Affect Sustainable Intensification of Cereal Production in the West African Sahel? Evidence from Burkina Faso [J]. World Development, 2017 (92): 177-191.

[102] Villamil M B, Silvis A H, Bollero G A. Potential Miscanthus' Adoption in Illinois: Information Needs and Preferred Information Channelsp [J]. Biomass and Bioenergy, 2008, 32 (12): 1338-1348.

[103] Ward N, Michael N K. Reconfiguring Rural Development in the UK: Objective 5b and the New Rural Governance [J]. Journal of Rural Studies, 1998, 14 (1): 27-39.

[104] Watts D J, Strogatz S H. Collective Dynamics of "Small-World" Networks [J]. Nature, 1998, 393 (6684): 440.

[105] Willcock J, Magan N. Impact of Environmental Factors on Fungal Respiration and Dry Matter Losses in Wheat Straw [J]. Journal of Stored Products Research, 2000, 37 (1): 35-45.

[106] Williamson O E. Markets and Hierarchies: Analysis and Antitrust Implications [M]. New York: New York Free Press, 1975.

[107] Wu Z, Liu M, Davis J. Land Consolidation and Productivity in Chinese Household Crop Production [J]. China Economic Review, 2005, 16 (1): 28-49.

[108] Wunder S. Payments for Environmental Services: Some Nuts and Bolts [M]. Bogor, Indonesian: CIFOR, 2005.

[109] Zeng Y, Zhang J, He K, et al. Who Cares What Parents Think or Do? Observational Learning and Experience-based Learning through Communication in Rice Farmers' Willingness to Adopt Sustainable Agricultural Technologies in Hubei Province, China [J]. Environmental Science & Pollution Research, 2019a (26): 12522-12536.

[110] Zeng Y, Zhang J, He K. Effects of Conformity Tendencies on Households' Willingness to Adopt Energy Utilization of Crop Straw: Evidence from Biogas in

Rural China［J］. Renewable Energy, 2019b（138）：573-584.

［111］［俄］A. 恰亚诺夫. 农民经济组织［M］. 萧正洪, 译. 北京：中央编译出版社, 1996.

［112］［英］阿弗里德·马歇尔. 经济学原理［M］. 廉运杰, 译. 北京：华夏出版社, 2005.

［113］阿马蒂亚·森. 经济行为与道德情感［J］. 经济学动态, 1996（8）：66-70.

［114］［美］奥尔森. 集体行动的逻辑［M］. 陈郁, 郭宇峰, 等, 译. 上海：格致出版社, 2014.

［115］巴西如何走绿色农业之路［J］. 世界热带农业信息, 2012（12）：12.

［116］毕于运. 秸秆资源评价与利用研究［D］. 北京：中国农业科学院, 2010.

［117］蔡弘, 黄鹂. 谁来种地？——对农业劳动力性别结构变动的调查与思考［J］. 西北农林科技大学学报（社会科学版）, 2017, 17（2）：104-112.

［118］蔡银莺, 张安录. 规划管制下基本农田保护的经济补偿研究综述［J］. 中国人口·资源与环境, 2010, 20（7）：102-106.

［119］曹先磊, 刘高慧, 张颖, 等. 城市生态系统休闲娱乐服务支付意愿及价值评估——以成都市温江区为例［J］. 生态学报, 2017（9）：1-12.

［120］畅倩, 李晓平, 谢先雄, 等. 非农就业对农户生态生产行为的影响——基于农业生产经营特征的中介效应和家庭生命周期的调节效应［J］. 中国农村观察, 2020（1）：76-93.

［121］陈多闻. 中国古代生态哲学的技术思想探析［J］. 自然辩证法研究, 2017, 33（9）：119-123.

［122］陈飞, 翟伟娟. 农户行为视角下农地流转诱因及其福利效应研究［J］. 经济研究, 2015, 50（10）：163-177.

［123］陈菲菲, 张崇尚, 王艺诺, 等. 规模化生猪养殖粪便处理与成本收益分析［J］. 中国环境科学, 2017, 37（9）：3455-3463.

［124］陈美球, 袁东波, 邝佛缘, 等. 农户分化代际差异对生态耕种采纳度

的影响［J］. 中国人口·资源与环境, 2019, 29 (2)：79-86.

［125］陈姗姗, 陈海, 梁小英, 等. 农户有限理性土地利用行为决策影响因素——以陕西省米脂县高西沟村为例［J］. 自然资源学报, 2012, 27 (8)：1286-1295.

［126］陈维梁, 高扬, 林勇明, 等. 紫色土坡耕地氮淋溶过程及其环境健康效应［J］. 环境科学, 2014 (6)：2129-2138.

［127］陈伟, 兰国玉, 陈秋波, 等. 基于 WEBGIS 的海南农垦橡胶产业服务功能价值评估系统开发研究［J］. 华南热带农业大学学报, 2007 (1)：28-32.

［128］陈锡文. 环境问题与中国农村发展［J］. 管理世界, 2002 (1)：5-8.

［129］陈霄. 农民宅基地退出意愿的影响因素——基于重庆市"两翼"地区 1012 户农户的实证分析［J］. 中国农村观察, 2012 (3)：26-36.

［130］程令国, 张晔. 早年的饥荒经历影响了人们的储蓄行为吗？——对我国居民高储蓄率的一个新解释［J］. 经济研究, 2011, 46 (8)：119-132.

［131］邓大才. 社会化小农：动机与行为［J］. 华中师范大学学报 (人文社会科学版), 2006 (3)：9-16.

［132］杜赞奇. 文化、权利与国家：1900-1942 年的华北农村［M］. 王福明, 译, 南京：江苏人民出版社, 1996.

［133］恩格斯. 自然辩证法 (第 1 版)［M］. 北京：人民出版社, 1963.

［134］樊辉, 赵敏娟. 自然资源非市场价值评估的选择实验法：原理及应用分析［J］. 资源科学, 2013, 35 (7)：1347-1354.

［135］樊丽明, 郭琪. 公众节能行为的税收调节研究［J］. 财贸经济, 2007 (7)：57-63.

［136］丰军辉, 何可, 张俊飚. 家庭禀赋约束下农户作物秸秆能源化需求实证分析——湖北省的经验数据［J］. 资源科学, 2014, 36 (3)：530-537.

［137］丰雷, 蒋妍, 叶剑平, 等. 中国农村土地调整制度变迁中的农户态度——基于 1999~2010 年 17 省份调查的实证分析［J］. 管理世界, 2013 (7)：44-58.

［138］冯梅芳. 有限理性经济人视角下农民参与"新农合"行为研究［J］. 经济视角 (下), 2012 (Z1)：65-66.

［139］付英．村干部的三重角色及政策思考——基于征地补偿的考察［J］．清华大学学报（哲学社会科学版），2014（3）：154-163.

［140］高鸿业．西方经济学［M］．北京：中国人民大学出版社，2011.

［141］耿言虎．脱嵌式开发：农村环境问题的一个解释框架［J］．南京农业大学学报（社会科学版），2017，17（3）：21-30+155-156.

［142］顾新华，顾朝林，陈岩．简述"新三论"与"老三论"的关系［J］．经济理论与经济管理，1987（2）：71-74.

［143］韩文辉，曹利军，李晓明．可持续发展的生态伦理与生态理性［J］．科学技术哲学研究，2002，19（3）：8-11.

［144］韩喜平．关于中国农民经济理性的纷争［J］．吉林大学社会科学学报，2001（3）：22-29.

［145］韩雅清，杜焱强，苏时鹏，等．社会资本对林农参与碳汇经营意愿的影响分析：基于福建省欠发达山区的调查［J］．资源科学，2017，39（7）：1371-1382.

［146］韩长赋．毫不动摇地加快转变农业发展方式［J］．求是，2010（10）：29-32.

［147］何大安．行为经济人有限理性的实现程度［J］．中国社会科学，2004（4）：91-101.

［148］何大安．理性选择向非理性选择转化的行为分析［J］．经济研究，2005（8）：73-83.

［149］何可，张俊飚，丰军辉．自我雇佣型农村妇女的农业技术需求意愿及其影响因素分析——以农业废弃物基质产业技术为例［J］．中国农村观察，2014（4）：84-94.

［150］何可，张俊飚，张露，吴雪莲．人际信任、制度信任与农民环境治理参与意愿——以农业废弃物资源化为例［J］．管理世界，2015（5）：75-88.

［151］何可，张俊飚．农业废弃物资源化的生态价值——基于新生代农民与上一代农民支付意愿的比较分析［J］．中国农村经济，2014（5）：62-73+85.

［152］胡鞍钢，周绍杰．绿色发展：功能界定、机制分析与发展战略［J］．中国人口·资源与环境，2014，24（1）：14-20.

［153］黄季焜，靳少泽．未来谁来种地：基于我国农户劳动力就业代际差异视角［J］．农业技术经济，2015（1）：4-10.

［154］黄鹏进．农民的行动逻辑：社会理性抑或经济理性——关于"小农理性"争议的回顾与评析［J］．社会科学论坛，2008（8）：65-73.

［155］黄容，高明，万毅林，等．秸秆还田与化肥减量配施对稻-菜轮作下土壤养分及酶活性的影响［J］．环境科学，2016（11）：1-17.

［156］黄腾．互联网使用对苹果种植户安全生产行为的影响研究［D］．杨凌：西北农林科技大学，2018.

［157］黄武，黄宏伟，朱文家．农户秸秆处理行为的实证研究——以江苏省为例［J］．中国农村观察，2012（4）：37-43.

［158］黄炎忠，罗小锋．化肥减量替代：农户的策略选择及影响因素［J］．华南农业大学学报（社会科学版），2020，19（1）：77-87.

［159］黄炎忠，罗小锋．既吃又卖：稻农的生物农药施用行为差异分析［J］．中国农村经济，2018（7）：63-78.

［160］黄兆琴，胡林潮，史明，等．水稻秸秆焚烧对土壤有机质组成的影响研究［J］．土壤学报，2012，49（1）：60-67.

［161］黄宗智．华北的小农经济与社会变迁［M］．北京：中华书局，2000.

［162］霍丽．城乡二元经济差异的人力资本研究［D］．西安：西北大学，2008.

［163］霍生平．资源节约型、环境友好型农业生产体系中生态农民的培育研究［D］．长沙：湖南农业大学，2011.

［164］纪月清，顾天竹，陈奕山，等．从地块层面看农业规模经营——基于流转租金与地块规模关系的讨论［J］．管理世界，2017（7）：65-73.

［165］加里·S.贝克尔．人类行为的经济分析［M］．上海：上海三联书店，1993.

［166］江涛，覃琼霞．有限理性下的个体决策：一种分析框架［J］．南方经济，2007（12）：24-31.

［167］姜利娜，赵霞．农户绿色农药购买意愿与行为的悖离研究——基于5

省 863 个分散农户的调研数据［J］. 中国农业大学学报，2017，22（5）：163-173.

［168］姜向群，刘妮娜. 我国农村老年人过度劳动参与问题研究［J］. 中州学刊，2013（12）：73-77.

［169］姜亦华，唐敦挚. 从经济理性到生态理性［J］. 生态经济（学术版），2009（1）：433-437.

［170］靳乐山. 用旅行费用法评价圆明园的环境服务价值［J］. 环境保护，1999（4）：31-33.

［171］［美］李丹. 理解农民中国：社会科学哲学的案例研究［M］. 张天虹，张洪云，张胜波，译. 南京：江苏人民出版社，2008.

［172］李冬冬，王思博. 公众环保参与机制的构建：困境制约、理论基础与破解对策——基于集体行动的逻辑理论视角［J］. 现代管理科学，2018（12）：82-84.

［173］李芬妮，张俊飚，何可，等. 农户异质性会影响绿色非正式制度效力吗？——来自湖北省 799 个农户数据的实证分析［J］. 中南大学学报（社会科学版），2019a，25（6）118-127.

［174］李芬妮，张俊飚，何可，等. 归属感对农户参与村域环境治理的影响分析——基于湖北省 1007 个农户调研数据［J］. 长江流域资源与环境，2020，29（4）：1027-1039.

［175］李芬妮，张俊飚，何可. 替代与互补：农民绿色生产中的非正式制度与正式制度［J］. 华中科技大学学报（社会科学版），2019b，33（6）：51-60+94.

［176］李芬妮，张俊飚，何可. 非正式制度、环境规制对农户绿色生产行为的影响：基于湖北 1105 份农户调查数据［J］. 资源科学，2019c，41（7）：1227-1239.

［177］李国柱，朱怀庆. 风险、理性与有限理性下的投资者行为［J］. 财经科学，2004（5）：48-51.

［178］李京梅，许志华. 基于内涵资产定价法的青岛滨海景观价值评估［J］. 城市问题，2014（1）：24-28.

［179］李晶，任志远．基于 GIS 的陕北黄土高原土地生态系统固碳释氧价值评价［J］．中国农业科学，2011a，44（14）：2943-2950.

［180］李晶，任志远．陕北黄土高原土地利用防风固沙功能价值时空研究［J］．干旱区资源与环境，2011b，25（7）：183-187.

［181］李科，陆蓉．投资者有限理性与基金营销策略——基金大比例分红的证据［J］．管理世界，2011（11）：39-48.

［182］李立嘉．当代中国农民生态理性研究的体系与思路——农民生态理性研究述评［J］．信阳师范学院学报（哲学社会科学版），2014，34（2）：73-77.

［183］李旻，赵连阁．农业劳动力"老龄化"现象及其对农业生产的影响——基于辽宁省的实证分析［J］．农业经济问题，2009，30（10）：12-18+110.

［184］李明月，罗小锋，余威震，等．代际效应与邻里效应对农户采纳绿色生产技术的影响分析［J］．中国农业大学学报，2020，25（1）：206-215.

［185］李鹏，张俊飚，单海军．现代农业快速发展背景下的农业生产废弃物管理对策探析——政府与农户的动态博弈［J］．生态环境学报，2012，21（6）：1178-1183.

［186］李卫，薛彩霞，姚顺波，等．农户保护性耕作技术采用行为及其影响因素：基于黄土高原476户农户的分析［J］．中国农村经济，2017（1）：44-57+94-95.

［187］李晓平，谢先雄，赵敏娟．耕地面源污染治理：纳入生态效益的农户补偿标准［J］．西北农林科技大学学报（社会科学版），2019，19（5）：107-114+124.

［188］李晓平，谢先雄，赵敏娟．资本禀赋对农户耕地面源污染治理受偿意愿的影响分析［J］．中国人口·资源与环境，2018，28（7）：93-101.

［189］李玉贝．农户水土保持技术采用意愿和支付意愿研究［D］．杨凌：西北农林科技大学，2018.

［190］连洁．理性生态人塑造研究［D］．北京：北京交通大学，2015.

［191］梁栋，吴惠芳．农业女性化的动力机制及其对农村性别关系的影响研究——基于江苏、四川及山西三省的村庄实地调研［J］．妇女研究论丛，2017（6）：87-99.

［192］梁謇. 我国绿色农业补贴政策体系建构研究［J］. 行政论坛, 2020, 27（1）：56-62.

［193］廖薇. 气候变化与农户农业生产行为演变——以四川省什邡市农户秸秆利用行为为例［J］. 农业技术经济, 2010（4）：49-56.

［194］林克涛, 朱朝枝, 陈如凯. 基于灰色模型的中国甘蔗产业生态服务价值预测［J］. 江苏农业科学, 2016（4）：505-509.

［195］林毅夫. 中国农业在要素市场交换受到禁止下的技术选择, 制度、技术与中国农业发展［M］. 上海：上海人民出版社, 1994.

［196］林毅夫. 小农与经济理性［J］. 农村经济与社会, 1988（3）：31-33.

［197］刘迪, 孙剑, 黄梦思, 等. 市场与政府对农户绿色防控技术采纳的协同作用分析［J］. 长江流域资源与环境, 2019, 28（5）：1154-1163.

［198］刘刚. 我国农户绿色农药的购买意愿和行为存在悖离现象［J］. 农药市场信息, 2017（13）：13.

［199］刘华云. 理性人、自利与道德性激励——评述奥尔森的集体行动理论［J］. 西华师范大学学报（哲学社会科学版）, 2014（4）：95-99.

［200］刘利花, 尹昌斌, 钱小平. 稻田生态系统服务价值测算方法与应用——以苏州市域为例［J］. 地理科学进展, 2015（1）：92-99.

［201］刘明月, 陆迁. 农民秸秆还田意愿的影响因素分析［J］. 山东农业大学学报（社会科学版）, 2013（2）：34-38.

［202］刘庆广. 甘肃省循环经济发展模式研究［D］. 兰州：兰州大学, 2007.

［203］刘铮瑶, 董治宝, 王建博, 等. 沙产业在内蒙古的构想与发展：生态系统服务体系视角［J］. 中国沙漠, 2015（4）：1057-1064.

［204］罗必良. 农民的经济理性及其政策含义［J］. 农村研究, 1999（2）：31-34.

［205］罗明忠, 邹佳瑜. 创业动机到创业选择与实施：农民创业中的社会资本因素［J］. 广东财经大学学报, 2012, 27（6）：52-58.

［206］吕挺, 纪月清, 易中懿. 水稻生产中的地块规模经济［J］. 农业技术经济, 2014（2）：68-74.

［207］吕杰，王志刚，郗凤明．基于农户视角的秸秆处置行为实证分析——以辽宁省为例［J］．农业技术经济，2015（4）：69-77.

［208］［德］马克斯·韦伯．新教伦理与资本主义精神［M］．北京：北京大学出版社，2012.

［209］马妍．农户采用测土配方施肥技术的影响因素分析［J］．中国农业信息，2014（9）：123.

［210］毛建华．指标赋权方法比较［J］．广西大学学报（哲学社会科学版），2007（4）：136.

［211］南永清，臧旭恒，蔡海亚．社会网络影响了农村居民消费吗［J］．山西财经大学学报，2019，41（3）：1-15.

［212］聂冲，贾生华．离散选择模型的基本原理及其发展演进评介［J］．数量经济技术经济研究，2005（11）：151-159.

［213］欧阳志云，王效科．中国陆地生态系统服务功能及其生态经济价值的初步研究［J］．生态学报，1999，19（5）：607-613.

［214］彭春艳，罗怀良，孔静．中国作物秸秆资源量估算与利用状况研究进展［J］．中国农业资源与区划，2014（3）：14-20.

［215］漆军，朱利群，陈利根，等．苏、浙、皖农户秸秆处理行为分析［J］．资源科学，2016，38（6）：1099-1108.

［216］漆雁斌，韩绍琰，邓鑫．中国绿色农业发展：生产水平测度、空间差异及收敛性分析［J］．农业技术经济，2020（4）：51-65.

［217］乔丹，陆迁，徐涛．社会网络、推广服务与农户节水灌溉技术采用——以甘肃省民勤县为例［J］．资源科学，2017，39（3）：441-450.

［218］秦晖．当代农民研究中的"恰亚诺夫主义"［Z］//A.恰亚诺夫．农民经济组织．萧正洪，译．北京：中央编译出版社，1996.

［219］尚燕，颜廷武，江鑫，等．公共信任对农户生产行为绿色化转变的影响——以秸秆资源化利用为例［J］．中国农业大学学报，2020，25（4）：181-191.

［220］尚燕，颜廷武，张童朝，等．政府行为对农民秸秆资源化利用意愿的影响——基于"激励"与"约束"双重视角［J］．农业现代化研究，2018，39

（1）：130-138.

［221］邵鹏．有限理性、认知层次与投资博弈［J］．数量经济技术经济研究，2010（10）：145-155.

［222］石志恒，崔民．个体差异对农户不同绿色生产行为的异质性影响——年龄和风险偏好影响劳动密集型与资本密集型绿色生产行为的比较［J］．西部论坛，2020，30（1）：111-119.

［223］史蒂芬·列维特，史蒂芬·都伯纳．魔鬼经济学［M］．王晓鹂，等，译．北京：中信出版社，2016.

［224］史恒通，睢党臣，吴海霞，等．社会资本对农户参与流域生态治理行为的影响：以黑河流域为例［J］．中国农村经济，2018（1）：34-45.

［225］史恒通，赵敏娟．基于选择试验模型的生态系统服务支付意愿差异及全价值评估——以渭河流域为例［J］．资源科学，2015，37（2）：351-359.

［226］史清华，陈凯．现阶段农民法律素质与法律意识分析——对山西省农民政策法规了解情况的问卷调查［J］．中国农村观察，2002（2）：67-75+81.

［227］史修艺，孙鸿雁，王颜齐．蔬菜种植户绿色生产技术采用行为及其影响因素分析［J］．北方园艺，2019（21）：157-164.

［228］史雨星，李超琼，赵敏娟．非市场价值认知、社会资本对农户耕地保护合作意愿的影响［J］．中国人口·资源与环境，2019，29（4）：94-103.

［229］速水佑次郎．发展经济学：从贫困到富裕［M］．李周，译．北京：社会科学文献出版社，2003.

［230］孙小燕，刘雍．土地托管能否带动农户绿色生产？［J］．中国农村经济，2019（10）：60-80.

［231］谭秋成．作为一种生产方式的绿色农业［J］．中国人口·资源与环境，2015，25（9）：44-51.

［232］唐林，罗小锋，张俊飚．社会监督、群体认同与农户生活垃圾集中处理行为——基于面子观念的中介和调节作用［J］．中国农村观察，2019（2）：18-33.

［233］唐卫东．生态经济区运行机制研究［D］．武汉：武汉理工大学，2012.

［234］唐喜斌．秸秆焚烧对灰霾天气的影响分析及其排放因子与颗粒物成分谱［D］．上海：华东理工大学，2014．

［235］田刚，蔡博峰．北京地区人工景观生态服务价值估算［J］．环境科学，2004，25（5）：5-9．

［236］田云，张俊飚，何可，等．农户农业低碳生产行为及其影响因素分析——以化肥施用和农药使用为例［J］．中国农村观察，2015（4）：61-70．

［237］王春蕊．禀赋、有限理性与农村劳动力迁移行为研究［D］．成都：西南财经大学，2010．

［238］王干，刘鹏．生态环境损害责任确立的理论基础研究——以马克思主义生态文明观为视角［J］．中国人口·资源与环境，2017，27（8）：54-61．

［239］王桂娟．文明的发展与农民生态理性的构建［D］．上海：华东理工大学，2011．

［240］王豪杰．我国绿色农业的生态补偿研究［D］．昆明：云南师范大学，2019．

［241］王恒，易小燕．绿色发展背景下农户施肥及其决策行为研究进展［J］．中国生态农业学报（中英文），2019，27（8）：1284-1292．

［242］王宏昌．我国生态经济中的森林问题［J］．中国社会科学，1992（1）：37-52．

［243］王力．中国农地规模经营问题研究［D］．重庆：西南大学，2013．

［244］王舒娟，蔡荣．农户秸秆处置行为的实证分析［J］．中国人口·资源与环境，2014，24（8）：162-167．

［245］王舒娟．小麦秸秆还田的农户支付意愿分析——基于江苏省农户的调查数据［J］．中国农村经济，2014（5）：74-85．

［246］王学婷，张俊飚，何可，等．社会信任、群体规范对农户生态自觉性的影响［J］．农业现代化研究，2019，40（2）：215-225．

［247］王学婷，张俊飚，童庆蒙．地方依恋有助于提高农户村庄环境治理参与意愿吗？——基于湖北省调查数据的分析［J］．中国人口·资源与环境，2020，30（4）：136-148．

［248］王亚华．对制度分析与发展（IAD）框架的再评估［J］．公共管理

评论，2017（1）：3-21.

[249] 王禹. 大集团的行动困境与解决之道——奥尔森集体行动理论研究 [J]. 学理论，2014（13）：78-79.

[250] 韦革，苏锐，夏杨. 马克思主义政治经济学原理 [M]. 武汉：华中科技大学出版社，2002.

[251] 韦佳培，张俊飚，吴洋滨. 农民对农业生产废弃物的价值感知及其影响因素分析——以食用菌栽培废料为例 [J]. 中国农村观察，2011（4）：77-85.

[252] 魏海涛，邵长鹏. 超越经济理性　重视生态理性和社会和谐 [J]. 理论界，2005（12）：8-9.

[253] 温锐，蒋国河. 20世纪90年代以来当代中国农村宗族问题研究管窥 [J]. 福建师范大学学报（哲学社会科学版），2004（4）：87-96.

[254] 吴雪莲，张俊飚，丰军辉. 农户绿色农业技术认知影响因素及其层级结构分解——基于 Probit-ISM 模型 [J]. 华中农业大学学报（社会科学版）2017（5）：36-45+145.

[255] 吴郁玲，曲福田. 土地流转的制度经济学分析 [J]. 农村经济，2006（1）：24-26.

[256] 西奥多·W. 舒尔茨. 改造传统农业 [M]. 梁小民，译. 北京：商务印书馆，1987.

[257] 夏雯雯，杜志雄，郜亮亮. 家庭农场经营者应用绿色生产技术的影响因素研究——基于三省452个家庭农场的调研数据 [J]. 经济纵横，2019（6）：101-108.

[258] 肖琴，周振亚，何英彬. 中国绿色农业发展现状及前景 [J]. 农业展望，2019，15（10）：57-63.

[259] 谢高地，鲁春霞，肖玉，等. 青藏高原高寒草地生态系统服务价值评估 [J]. 山地学报，2003，21（1）：50-55.

[260] 谢高地，张彩霞，张昌顺，等. 中国生态系统服务的价值 [J]. 资源科学，2015（9）：1740-1746.

[261] 谢高地，张钇锂，鲁春霞，等. 中国自然草地生态系统服务价值 [J]. 自然资源学报，2001，16（1）：47-53.

［262］熊巍．我国农村公共产品供给分析与模式选择［J］．中国农村经济，2002（7）：36-44.

［263］熊鹰，何鹏．绿色防控技术采纳行为的影响因素和生产绩效研究——基于四川省水稻种植户调查数据的实证分析［J］．中国生态农业学报（中英文），2020，28（1）：136-146.

［264］徐桂华，杨定华．外部性理论的演变与发展［J］．社会科学，2004（3）：26-30.

［265］徐娜，张莉琴．劳动力老龄化对我国农业生产效率的影响［J］．中国农业大学学报，2014，19（4）：227-233.

［266］徐涛，赵敏娟，李二辉，乔丹，陆迁．规模化经营与农户"两型技术"持续采纳——以民勤县滴灌技术为例［J］．干旱区资源与环境，2018a，32（2）：37-43.

［267］徐涛，赵敏娟，李二辉，乔丹．技术认知、补贴政策对农户不同节水技术采用阶段的影响分析［J］．资源科学，2018b，40（4）：809-817.

［268］徐涛，赵敏娟，乔丹，史恒通．外部性视角下的节水灌溉技术补偿标准核算——基于选择实验法［J］．自然资源学报，2018c，33（7）：1116-1128.

［269］徐勇．村干部的双重角色：代理人与当家人［M］．武汉：湖北人民出版社，2002.

［270］徐勇．"再识农户"与社会化小农的建构［J］．华中师范大学学报（人文社会科学版），2006（6）：2-8.

［271］徐志刚，张骏逸，吕开宇．经营规模、地权期限与跨期农业技术采用——以秸秆直接还田为例［J］．中国农村经济，2018（3）：61-74.

［272］徐中民，张志强，程国栋，等．额济纳旗生态系统恢复的总经济价值评估［J］．地理学报，2002，57（1）：107-116.

［273］许标文，王海平，林国华．欧美农业绿色发展政策工具的应用及其启示［J］．福建农林大学学报（哲学社会科学版），2019，22（1）：13-19.

［274］许浩然，荆新．社会关系网络与公司债务违约：基于中国A股，上市公司的经验证据［J］．财贸经济，2016（9）：36-52.

［275］许庆，尹荣梁，章辉．规模经济、规模报酬与农业适度规模经营

[J]．经济研究，2011（3）：59-71.

[276] 薛达元，包浩生，李文华．长白山自然保护区生物多样性旅游价值评估研究 [J]．自然资源学报，1999，5（2）：140-145.

[277] 薛姣姣，刘天军，朱嘉林．社会网络对农户绿色生产行为的影响——来自苹果主产区 1086 个农户的实证分析 [J]．江苏农业科学，2019，47（11）：50-56.

[278] 亚当·斯密．国富论：国民财富的性质和起因的研究 [M]．长沙：中南大学出版社，2008.

[279] 亚当·斯密．道德情操论 [M]．谢宗林，译．北京：中央编译出版社，2008.

[280] 颜廷武，何可，张俊飚，张童朝．农民参与生物质资源循环利用的补偿标准测算——基于湖北省武汉、随州与黄冈三市的调查 [J]．农业经济问题，2015，36（11）：88-96.

[281] 颜廷武，何可，张俊飚．社会资本对农民环保投资意愿的影响分析——来自湖北农村农业废弃物资源化的实证 [J]．中国人口·资源与环境，2016，26（1）：158-164.

[282] 颜廷武，张童朝，何可，张俊飚．作物秸秆还田利用的农民决策行为研究——基于皖鲁等七省的调查 [J]．农业经济问题，2017，38（4）：39-48+110-111.

[283] 杨丹，刘自敏．合作社获取外部农业社会化服务机理研究——基于选择性激励和交易成本的分析 [J]．新疆农垦经济，2017（2）：1-12.

[284] 杨茂林．关于绿色经济学的几个问题 [J]．经济问题，2012（9）：4-14.

[285] 杨云鹏．纳入道德偏好的"经济人"假设重构猜想 [J]．社会科学研究，2012（3）：26-30.

[286] 杨志海．老龄化、社会网络与农户绿色生产技术采纳行为——来自长江流域六省农户数据的验证 [J]．中国农村观察，2018（4）：44-58.

[287] 姚柳杨，赵敏娟，徐涛．经济理性还是生态理性？农户耕地保护的行为逻辑研究 [J]．南京农业大学学报（社会科学版），2016（5）：86-95.

［288］姚翼源，黄娟．五大发展理念下生态治理的思考［J］．理论月刊，2017，（9）：24-28+39.

［289］叶航，汪丁丁，罗卫东．作为内生偏好的利他行为及其经济学意义［J］．经济研究，2005（8）：84-94.

［290］意大利农业是欧洲最"绿色"的农业［J］．世界热带农业信息，2019（11）：13.

［291］于法稳．新时代农业绿色发展动因、核心及对策研究［J］．中国农村经济，2018（5）：19-34.

［292］于全辉．基于有限理性假设的行为经济学分析［J］．经济问题探索，2006（7）：20-23.

［293］于左，高建凯．中国玉米价格竞争力缺失的形成机制与政策［J］．农业经济问题，2013（8）：10-19.

［294］余威震，罗小锋，李容容，等．绿色认知视角下农户绿色技术采纳意愿与行为悖离研究［J］．资源科学，2017，39（8）：1573-1583.

［295］余威震，罗小锋，唐林，等．农户绿色生产技术采纳行为决策：政策激励还是价值认同？［J］．生态与农村环境学报，2020，36（3）：318-324.

［296］余新晓，鲁绍伟，靳芳，等．中国森林生态系统服务功能价值评估［J］．生态学报，2005，25（8）：2096-2102.

［297］余新晓，秦永胜，陈丽华，等．北京山地森林生态系统服务功能及其价值初步研究［J］．生态学报，2002，22（5）：783-786.

［298］袁鹏飞，周碧华．地方政府执行力弱化的因素分析——以河南省新乡市环保局为例［J］．北方经贸，2019（1）：12-14.

［299］袁艺，茅宁．从经济理性到有限理性：经济学研究理性假设的演变［J］．经济学家，2007，2（2）：21-26.

［300］［英］约翰·伊特韦尔．新帕尔格雷夫经济学大辞典［M］．陈岱孙，译．北京：经济科学出版社，1996.

［301］张丙昕．农户有机肥施用行为与意愿悖离影响因素研究［D］．郑州：河南农业大学，2018.

［302］张春娟．选择性激励理论与经济实践［J］．当代经济，2018（10）：

140-141.

［303］张翠娥，李跃梅，李欢．资本禀赋与农民社会治理参与行为——基于5省1599户农户数据的实证分析［J］．中国农村观察，2016（1）：27-37.

［304］张莉，张敬毅，程晓宇，李滋睿．法国生态农业发展的成效、新措施及启示［J］．世界农业，2019（11）：18-23+130.

［305］张连国．论绿色经济学的三种范式［J］．生态经济，2013（3）：63-66.

［306］张敏，童丽静，许浩然．社会网络与企业风险承担——基于我国上市公司的经验证据［J］．管理世界，2015（11）：161-175.

［307］张童朝，颜廷武，何可，等．利他倾向、有限理性与农民绿色农业技术采纳行为［J］．西北农林科技大学学报（社会科学版），2019a，19（5）：115-124.

［308］张童朝，颜廷武，何可，等．有意愿无行为：农民秸秆资源化意愿与行为相悖问题探究——基于MOA模型的实证［J］．干旱区资源与环境，2019b，33（9）：30-35.

［309］张童朝，颜廷武，何可，等．资本禀赋对农户绿色生产投资意愿的影响——以秸秆还田为例［J］．中国人口·资源与环境，2017，27（8）：78-89.

［310］张童朝，颜廷武，张俊飚．德政何以善治：村域干群关系如何影响农民参与农业废弃物资源化？——来自四省1372份农户数据的验证［J］．南京农业大学学报（社会科学版），2020，20（1）：150-160.

［311］张亚丽，吕家珑，金继运，等．施肥和秸秆还田对土壤肥力质量及春小麦品质的影响［J］．植物营养与肥料学报，2012，18（2）：307-314.

［312］章元，陆铭．社会网络是否有助于提高农民工的工资水平？［J］．管理世界，2009（3）：45-54.

［313］赵丹．九井乡环境保护中农民集体行动问题研究［D］．哈尔滨工业大学，2008.

［314］赵士诚，曹彩云，李科江，等．长期秸秆还田对华北潮土肥力、氮库组分及作物产量的影响［J］．植物营养与肥料学报，2014，20（6）：1441-1449.

［315］赵同谦，欧阳志云，贾良清，等．中国草地生态系统服务功能间接价值评价［J］．生态学报，2004a，24（6）：1101-1110.

［316］赵同谦，欧阳志云，王效科，等．中国陆地地表水生态系统服务功能及其生态经济价值评价［J］．自然资源学报，2003，18（4）：443-452.

［317］赵同谦，欧阳志云，郑华，等．中国森林生态系统服务功能及其价值评价［J］．自然资源学报，2004b，19（4）：480-491.

［318］赵永清，唐步龙．农户农作物秸秆处置利用的方式选择及影响因素研究——基于皖苏两省实证［J］．生态经济（学术版），2007（2）：244-246.

［319］赵愈．循环经济模式的生态工业园区建设与评价研究［D］．重庆：重庆大学，2011.

［320］郑风田．农产品"一家两制"折射监管之失［N］．经济参考报，2014-12-17（002）．

［321］郑风田．制度变迁与中国农民经济行为［M］．北京：中国农业科技出版社，2000.

［322］郑沃林．土地产权稳定能促进农户绿色生产行为吗？——以广东省确权颁证与农户采纳测土配方施肥技术为例证［J/OL］．西部论坛，2020，30（3）：51-61.

［323］中国农业科学院中国农业绿色发展研究中心．中国农业绿色发展报告2018［M］．北京：中国农业出版社，2018.

［324］钟华平，岳燕珍，樊江文．中国作物秸秆资源及其利用［J］．资源科学，2003，25（4）：62-67.

［325］钟涨宝，陈小伍，王绪朗．有限理性与农地流转过程中的农户行为选择［J］．华中科技大学学报（社会科学版），2007，21（6）：113-118.

［326］周景博，吴健，于泽．生物多样性价值研究再评估：基于 Meta 分析的启示［J］．生态与农村环境学报，2016（1）：143-149.

［327］周静，曾福生．利益联结、选择性激励与联合社的稳定性研究——基于隆平联社的案例研究［J］．湖南科技大学学报（社会科学版），2018，21（5）：70-74.

［328］周颖．农田清洁生产技术补偿的农户响应机制研究［D］．北京：中

国农业科学院，2016.

［329］朱佳雷，王体健，邓君俊，等．长三角地区秸秆焚烧污染物排放清单及其在重霾污染天气模拟中的应用［J］．环境科学学报，2012，32（12）：3045-3055.

［330］朱启荣．城郊农户处理农作物秸秆方式的意愿研究——基于济南市调查数据的实证分析［J］．农业经济问题，2008（5）：103-109.

［331］庄晋财，陈聪．乡土情结对农民创业者供给村庄公共品的影响研究［J］．西安财经学院学报，2018，31（2）：78-86.

附录：本书所用调查问卷中的问项（部分）

受访者姓名：_____ 调查员姓名：_____

_____省_____县（市）_____镇_____村_____组

说明：请在数字或者符号上画"√"，空格处填写相应信息。答案并无对错之分，结果仅作学术研究使用。请根据您掌握的实际情况和真实想法如实回答，谢谢！

一、基础设施与环境条件

1. 本村地形属于（　　）

A. 平原　　　　　B. 丘陵　　　　　C. 山地　　　　　D. 其他

3. 您对村里生活用水供应情况（供应是否稳定以及水质等）（　　）

A. 非常不满意　B. 不太满意　　C. 一般　　　　　D. 比较满意

E. 非常满意

4. 您对村里的生产生活用电供应情况（是否经常断电或出现跳闸等）（　　）

A. 非常不满意　B. 不太满意　　C. 一般　　　　　D. 比较满意

E. 非常满意

5. 本村网络线路布置等信息基础设施建设状况如何？（　　）

A. 非常差　　　B. 比较差　　　C. 一般　　　　　D. 比较好

E. 非常好

6. 本村有无农民专业合作社?（　　）

A. 无　　　　　　B. 有

9. 本村有哪些社会保障?（　　）【可多选】

A. 合作医疗　　B. 养老保险　　C. 农村低保　　D. 农村五保

E. 社会救助　　F. 其他

10. 您对本村的社会保障满意度（　　）

A. 非常不满意　B. 不太满意　　C. 一般　　　　D. 比较满意

E. 非常满意

二、农户家庭人员情况

1. 您家总共____人，其中：劳动力____人，外出务工____人。

5. 请对以下表格中涉及的个人和家庭成员的基本信息作出选择。

家庭成员编码	与户主关系 A：户主 B：夫妻 C：父子 D：母子 E：父女 F：母女 G：其他	性别 A：男 B：女	年龄（周岁）按实际填写	受教育年限（年）	政治面貌 A：群众 B：党员 C：其他	务农年限（年）按实际填写	健康情况 A：非常好 B：比较好 C：一般 D：比较差 E：非常差	职业经历 A：村干部 B：公务员 C：技术工 D：个体户 E：打工者 F：医生 G：教师 H：无	兼业情况 A：偶尔兼业 B：季节性兼业 C：长期兼业 D：无
1	户主								
2									

三、家庭经营与资产情况（2017 年）

1. 2017 年，按承包合同您家承包地共有____块____亩，其中旱地____块（丘）____亩。

2. 现在承包地是如何处理的?（　　）

A. 自家经营____亩　　　　　B. 撂荒____亩　　　　C. 免费转给别人种____亩

D. 有偿租给别人种____亩____年，费用（____元/亩·年）

E. 其他____

3. 您家有没有转入土地？（　）

　　A. 有　　　　　　　　B. 无

若有转入，转入了____亩____年，费用____元/亩·年，转入后共计有____块土地。

9. 您家家庭年收入____万元，其中农业收入____万元；家庭年支出____万元，其中农业支出____万元。您家每年收入是否稳定？（　）

　　A. 非常不稳定　　　　　B. 不太稳定　　　　C. 一般

　　D. 比较稳定　　　　　　E. 非常稳定

17. 您家是否安装了宽带网络或有无线网路（Wi-Fi）覆盖？（　）

　　A. 无　　　　　　　　B. 有

四、生产行为与技术采纳（2017 年）

4. 您是否采纳了以下技术：

核心技术	秸秆覆盖（还田）	免少耕播种	深松	病虫草害综合控制	有机肥施用	测土配方施肥
关键技术	粉碎、残茬+碎杆覆盖	少耕免耕播种	耕作层深松耕	苗期药物喷洒、人工除草、控施化肥、农药	禽畜粪便还田	测土配方施肥技术
采纳与否						
采用规模（亩）						

52. 意愿调查

（1）支付意愿

您是否愿意出钱雇人帮您进行还田等绿色生产？

　　A. 不愿意　　　　　　　B. 愿意

您至多愿意出____元/亩·季才行？

　　A. 1~10　　　　　　　B. 11~20　　　　　　C. 21~30

　　D. 31~40　　　　　　　E. 41~50　　　　　　F. 51~60

　　G. 61~70　　　　　　　H. 71~80　　　　　　I. 81~90

　　J. 91~100　　　　　　　K. 其他____

（2）受偿意愿

补贴多少钱愿意雇人帮您进行还田等绿色生产？

A. 不愿意　　　　　　　B. 愿意

您觉得至少补贴＿＿＿元/亩·季才行？

A. 1～10　　　　　　　B. 11～20　　　　　　　C. 21～30

D. 31～40　　　　　　　E. 41～50　　　　　　　F. 51～60

G. 61～70　　　　　　　H. 71～80　　　　　　　I. 81～90

J. 91～100　　　　　　　K. 其他＿＿＿

53. 对于上述"支付意愿""受偿意愿"的调查，您所选择支付金额（或受偿金额）的确定性程度如何？请在下面 1～10 的标度上用"√"选择您的确定性程度：

非常不确定-1-2-3-4-5-6-7-8-9-10-非常确定

五、人际与社会互动情况

1. 人际互动

问题	从来没有	较少	一般	较多	经常
您经常和亲朋邻里等聊天交流吗？					
问题	非常不信任	不太信任	一般	比较信任	非常信任
您信任您的朋友邻居吗？					

2. 您对国家生态资源环境保护政策法规（　　）

A. 完全不了解　　　　　　B. 不太了解　　　　　　C. 一般

D. 了解一点　　　　　　　E. 非常了解

3. 当地是否有政府组织的农业政策项目（如垃圾集中处理设施修建等)？（　　）

A. 否　　　　　　　　　　B. 是

11. 当地有无秸秆处置利用等农业技术指导人员和机构？（　　）

A. 无　　　　　　　　　　B. 有

六、农户相关问题的认知

序号	观点	1	2	3	4	5
1	人是自然的一部分，经济利益和生态利益完全可以统一					
2	近年来环境污染日渐严重，会威胁到我们的健康					
4	绿色环保的消费品已渐渐成为人们追求的趋势					
5	我很关心我的行为是否给他人造成了污染或影响					
6	我很关心我的行为是否给社会造成了污染或影响					
7	我们应当为子孙后代保护好生态资源和环境					
14	保护环境、绿色生产符合经济社会需要，我会从中获利					
15	节约并充分利用资源是实现美好生活的重要途径					
18	我懂得如何在生产中减少污染和浪费					
19	我非常了解绿色农产品及其生产技术					
20	我懂得如何适量使用化肥、农药等农资					
21	我懂得将农业废弃物等进行合理利用					
24	我很好地掌握了绿色生态型的生产生活技术知识及操作					
25	我非常了解生态经济下的农业发展要求与趋势					
31	在农业生产中我尽量减少生态环境污染等					
32	在农业生产中我适量投入化肥、农药等农资，节约成本					
33	我生产（种植或养殖）绿色农产品，并能做到优质优价					
34	农业生产中我系统应用绿色技术，做到生态绿色无污染					
35	我通过绿色生产及绿色农产品增收致富					
36	我合理处置并利用农业废弃物，以节本增效					
56	绿色农业技术很复杂，学习起来太麻烦，不想学					
57	进行绿色生产生活方式需要多花钱，不想做					
59	资源（包括农业废弃物等）浪费与利用不当是一种损失					
67	若还田等绿色生产没有带来确定的效益提高，我不会进行					

注：完全不同意=1；不太同意=2；一般=3；比较同意=4；完全同意=5